essentials

essentials liefern aktuelles Wissen in konzentrierter Form. Die Essenz dessen, worauf es als „State-of-the-Art" in der gegenwärtigen Fachdiskussion oder in der Praxis ankommt. *essentials* informieren schnell, unkompliziert und verständlich

- als Einführung in ein aktuelles Thema aus Ihrem Fachgebiet
- als Einstieg in ein für Sie noch unbekanntes Themenfeld
- als Einblick, um zum Thema mitreden zu können

Die Bücher in elektronischer und gedruckter Form bringen das Fachwissen von Springerautor*innen kompakt zur Darstellung. Sie sind besonders für die Nutzung als eBook auf Tablet-PCs, eBook-Readern und Smartphones geeignet. *essentials* sind Wissensbausteine aus den Wirtschafts-, Sozial- und Geisteswissenschaften, aus Technik und Naturwissenschaften sowie aus Medizin, Psychologie und Gesundheitsberufen. Von renommierten Autor*innen aller Springer-Verlagsmarken.

Martin Bethke

Nachhaltiges Wirtschaften als Erfolgsfaktor

Herausforderungen, Strategien und Best Practices für ein zukunftsfähiges Unternehmen

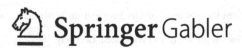

Martin Bethke
Lüneburg, Deutschland

ISSN 2197-6708   ISSN 2197-6716 (electronic)
essentials
ISBN 978-3-658-42320-9   ISBN 978-3-658-42321-6 (eBook)
https://doi.org/10.1007/978-3-658-42321-6

Die Deutsche Nationalbibliothek verzeichnet diese Publikation in der Deutschen Nationalbibliografie; detaillierte bibliografische Daten sind im Internet über http://dnb.d-nb.de abrufbar.

Planung/Lektorat: Isabella Hanser
Springer Gabler ist ein Imprint der eingetragenen Gesellschaft Springer Fachmedien Wiesbaden GmbH und ist ein Teil von Springer Nature.
Die Anschrift der Gesellschaft ist: Abraham-Lincoln-Str. 46, 65189 Wiesbaden, Germany

Was Sie in diesem *essential* finden können

- Kompakten Überblick, warum nachhaltiges Wirtschaften zukunftsweisend und alternativlos ist
- Einordung des Kontextes von ökonomischer, ökologischer und sozialer Dimension der Nachhaltigkeit und den Grenzen des Wachstums
- Schritt für Schritt Anleitung für die Entwicklung und Integration einer Nachhaltigkeitsstrategie in ein Unternehmen
- Praxisbeispiele, die zeigen, wie mit Nachhaltigkeit als Erfolgsfaktor echter Impact erzielt und Greenwashing vermieden wird.

Inhaltsverzeichnis

Einleitung

1

"You cannot get through a single day without having an impact on the world around you. What you do makes a difference, and you have to decide what kind of difference you want to make." *Jane Goodall*

Die Zukunft ist ohne Nachhaltigkeit nicht mehr zu denken. Ob in Politik, Wirtschaft oder Gesellschaft. „Nachhaltiges Wirtschaften als Erfolgsfaktor" ist daher mehr als nur ein Leitfaden für ein pragmatisches und zukunftsorientiertes Handeln in einer sich wandelnden Welt. In diesem Buch begleite ich Sie auf einer Reise, auf der Sie lernen, wie Sie nachhaltiges Wirtschaften zum Herzstück Ihrer Unternehmensstrategie machen und wie Sie pragmatisch sofortige Ergebnisse erzielen können.

Nachhaltigkeit ist heute mehr denn je ein Schlüsselbegriff, der ökologische, ökonomische und soziale Verantwortung miteinander verbindet. Nachhaltigkeit ist die zukünftige „license to operate" für jedes Unternehmen. In unserer zunehmend vernetzten und klimabewussten Welt müssen Unternehmen sich dieser komplexen Herausforderung stellen und gleichzeitig erfolgreich und wettbewerbsfähig bleiben.[1] Es geht darum, im Spiel zu bleiben und das Geschäftsmodell zukunfts- und enkelfähig zu gestalten, sowie nachhaltiges Handeln und wirtschaftlichen Erfolg in Einklang zu bringen. Simon Sinek, der bekannte Autor und Inspirator, drückt es treffend so aus:

"There is no such thing as winning business – it doesn't exist. We can have wins inside a business like you can have battles, but there's no such thing as "winning" business. (…)."[2] "In infinite games, like business or politics or life itself, the players come and

---

[1] (Umweltbundesamt 2023).

[2] (Sinek 2019).

© Der/die Autor(en), exklusiv lizenziert an Springer Fachmedien Wiesbaden GmbH, ein Teil von Springer Nature 2023
M. Bethke, *Nachhaltiges Wirtschaften als Erfolgsfaktor,* essentials,
https://doi.org/10.1007/978-3-658-42321-6_1

go, the rules are changeable, and there is no defined endpoint. There are no winners or losers in an infinite game; there is only ahead and behind."[3]

Nachhaltiges Wirtschaften ist für fast jedes Unternehmen umsetzbar. Der Weg dorthin ist eine sehr einzigartige Reise. Das Ziel der Reise ist: Eine Balance von Ökonomie, Ökologie und Sozialem zu erreichen.

Lassen Sie sich von diesem Buch inspirieren und starten Sie mit Ihrem Unternehmen die Reise in eine nachhaltige und erfolgreiche Zukunft. Es ist Zeit, Verantwortung zu übernehmen, Leidenschaft in das zu investieren, was wir tun, und gemeinsam einen Unterschied zu machen – packen wir es an!

---

[3] (Sinek S. 2019).

Der ökologische Kontext: Der Klimawandel und die planetaren Grenzen (des Wachstums)

2

In einer Welt, in der die globalen Umweltprobleme und ihre Folgen immer deutlicher werden, hat die Notwendigkeit einer nachhaltigen Entwicklung in Politik, Wirtschaft und Zivilgesellschaft, an Bedeutung gewonnen. Die wachsende Fokussierung auf Nachhaltigkeit ist eine Reaktion auf ökologische Herausforderungen, wie z. B. Klimawandel, Ressourcenknappheit, Verlust der biologischen Vielfalt und Umweltverschmutzung. Die Übernutzung des Planeten macht sich dabei in allen Lebens- und Wirtschaftsbereichen bemerkbar und stellt Unternehmen, und uns alle, vor große Herausforderungen. Es ist wissenschaftlich erwiesen, wie gravierend der Wandel sein muss, um die treibenden Faktoren des Klimawandels und seiner Auswirkungen abzuschwächen. Werfen wir also kurz einen Blick auf die wissenschaftlichen Erkenntnisse.

2.1 Kohlendioxid und die Klimakrise: Warum Nachhaltigkeit unverzichtbar ist

Wir stecken mitten in einer der größten Krisen der Menschheit. Und der Grund dafür ist ein kleines Molekül: CO_2 – Kohlendioxid. Ein Gas, dessen Vorkommen in der Erdatmosphäre verschwindend gering ist (etwa 0,04 %). Aber seine Wirkung ist gewaltig. Durch das permanente Verbrennen fossiler Brennstoffe wie Kohl, Öl und Gas heizen wir seit der industriellen Revolution kontinuierlich den Planeten auf, indem wir die Atmosphäre mit immer mehr CO_2 anreichern.

Ein durchschnittlicher Deutscher verursacht ca. 11 t CO_2 pro Jahr. Das ist ungefähr doppelt so viel wie alle Menschen weltweit im Schnitt. Deutschland emittiert pro Jahr ca. 800 Mio. t CO_2 in die Atmosphäre. Weltweit sind es ca. 5 Mrd. t und seit der Industrialisierung mehr als 2 Billionen Tonnen. Seit

M. Bethke, *Nachhaltiges Wirtschaften als Erfolgsfaktor,* essentials, https://doi.org/10.1007/978-3-658-42321-6_2

der Mitte des 19. Jahrhunderts ist dieses CO_2 zusätzlich in die Luft gelangt und hat den natürlichen Kohlenstoffkreislauf sukzessive aus dem Takt gebracht. Denn Kohlendioxid hält sich bis zu 1000 Jahre in unserer Atmosphäre und reichert sich dort an. Und mit der CO_2 Konzentration steigt auch die Temperatur der Erde.

Schon zu Zeiten der Dinosaurier vor etwa drei Millionen Jahren war das der Fall. Damals war die CO_2-Konzentration ähnlich, die Temperaturen in der Folge zwei bis drei Grad höher im Vergleich zu heute. Damals waren Grönland und die Nordpol-Region weitgehend eisfrei, ebenso die Westantarktis, wo Bäume wuchsen. Das mag harmlos klingen, bedeutet aber im Umkehrschluss, dass das, was heute die Polkappen sind, Wasser war und der Meeresspiegel damals mindestens 10 bis 15 m höher war als er heute ist. So ist der Blick in die Vergangenheit womöglich auch einer in die Zukunft. Aber ein wesentlicher Unterschied ist, dass der Temperaturanstieg heute im Vergleich rasend schnell von statten geht. Die Erde ist heute schon um etwa 1,2 Grad wärmer als vor 150 Jahren. Die Folge ist, dass aus dem Klimawandel längst eine spürbare und immer sichtbarere Klimakrise geworden ist. Die daraus resultierenden Konsequenzen sind Stürme, Starkregen, Dürren, Hitze, um nur einige zu nennen. Das sind die Auswirkungen von mehr als zwei Billionen Tonnen CO_2 die wir als Menschheit emittiert haben.

Um die Klimakrise einzugrenzen, müssen wir den CO_2 Ausstoß drastisch reduzieren, damit wir die Erderwärmung im Vergleich zum vorindustriellen Niveau auf maximal 1,5 bis 2 Grad begrenzen. Mit unserem CO_2-Budget ist also auch unser Schicksal verknüpft. Bleibt der jährliche Ausstoß so wie heute, haben wir nicht einmal mehr sieben Jahre, bis wir gar kein CO_2 mehr emittieren dürften.

Aufhalten lässt sich der Klimawandel nicht. Beeinflussen, wie stark er ausfällt, hingegen schon. Denn das Ausmaß der Emissionen reicht von sehr niedrig bis sehr hoch. Genau darin liegt auch die gute Nachricht: Es gibt verschiedene Pfade, die Politik, Wirtschaft und Gesellschaft jetzt noch einschlagen können, um die Folgen des Klimawandels abzumildern. Wir haben es also – noch – selbst bin der Hand.

Mit dem Pariser Klimaschutzabkommen verpflichtete sich die Weltgemeinschaft schon im Jahr 2015, die globale Erwärmung bis Ende des Jahrhunderts auf unter 2 °C zu begrenzen. Erkenntnisse der Klimawissenschaft verdeutlichen, dass zur Einhaltung dieser Zielsetzung sofort entschlossen gehandelt und auf globaler Ebene die Emissionen bis 2030 mindestens halbiert werden müssen. Bis spätestens 2050 muss ein Zustand von Netto-Null-Emissionen, also eine Balance aus verbleibenden Restemissionen und natürlichen sowie technologischen CO_2

Entnahmen aus der Luft erreicht werden.[1] Die Hauptverursacher wie z. B. auch Deutschland sind angehalten, schneller ihren Treibhausgasausstoß zu reduzieren als Länder, die einen historisch niedrigen Fußabdruck haben. Die EU verpflichtete sich, bis zum Jahr 2050 treibhausgasneutral zu werden und bis 2030 bereits 55 % der Treibhausgasemissionen zu reduzieren (Referenzjahr 1990). Deutschland setzte sich im Jahr 2021 mit dem Klimaschutzgesetz das Zieljahr 2045 für das Erreichen von Treibhausgas-Neutralität. Schon bis 2030 soll daher eine Emissionsreduktion um 65 % gegenüber 1990 erreicht werden. Diese Ziele wurden in Deutschland auf Sektoren heruntergebrochen, wobei der Energiesektor am deutlichsten reduzieren muss: –77 % bis 2030.[2]

Um die Transformation zur Einhaltung des 1,5 °C-Limits zu beschleunigen, müssen sektorale Anforderungen sowie die nötigen Maßnahmen und Investitionen jetzt konkretisiert werden. Diese Erwartung an Unternehmen formulieren neben der Politik insbesondere auch Finanzinstitute, Konsument:innen und Beschäftigte. Langfristig liegen die Vorteile auf der Hand: Unternehmen senken Emissionen, Energiekosten und CO_2; sie werden unabhängig von fossilen Brenn- und Rohstoffen, erhalten sich Wettbewerbsfähigkeit und den Zugang zu Kapital in einem von der Transformation bewegten Marktumfeld, stärken Ihre Reputation und erhöhen Ihre Attraktivität als Arbeitgeber. So die Theorie. Aber in der Praxis sind viele Unternehmen von der Komplexität der Herausforderung schlichtweg überfordert.

2.2 Fünf mögliche Zukunftsszenarien und die globale Verantwortung für nachhaltiges Wirtschaften

Es ist wissenschaftlicher Konsens, dass eine Zunahme an Emissionen auch einen Temperaturanstieg nach sich zieht. Für diese Erkenntnis hat der Weltklimarat mühsame Detailarbeit geleistet. Das Ergebnis lässt sich im ersten Teil des sechsten IPCC-Sachstandsberichtes nachlesen. Ein Dokument mit 400 Seiten an dem 234 Autor:innen aus 65 Ländern beteiligt waren und rund 14.000 wissenschaftliche Arbeiten ausgewertet haben.[3] Eines der Kapitel, für sich allein schon rund 200 Seiten lang, fasst fünf sozioökonomische Entwicklungspfade zusammen. Diesen Entwicklungspfaden liegen eine Reihe von Variablen zugrunde die – miteinander kombiniert – einen Einfluss auf die zu erwartende Erderwärmung und

---

[1] Mehr zum komplexen Thema CO_2 Entnahmen hier: (Potsdam Institute For Climate Impact Research 2023).

[2] Vgl. (Bundesregierung 2019).

[3] (IPCC 2023).

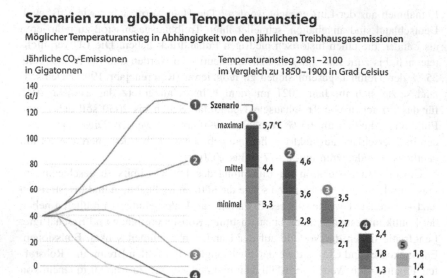

Abb. 2.1 Szenarien zum globalen Temperaturanstieg. (Quelle: Weltklimarat IPCC, online)

die Anpassungsfähigkeit der Menschen haben. Zu diesen Variablen gehören zum Beispiel auch der Reduzierungsgrad der CO_2 Emissionen aber auch Fortschritte bei der Entwicklung von Technologien, die bei dieser Reduzierung helfen. Entstanden sind so fünf mögliche Versionen unserer Zukunft in einer Welt, in der sich das Klima wandelt (siehe Abb. 2.1).[4]

Die Ergebnisse dieser fünf Szenarien lassen sich wie folgt zusammenfassen: In jedem der Szenarien wird sich die Erde bis 2050 weiter erwärmen und die Temperaturen ansteigen. Erst danach wird sich zeigen, ob die Reduktion von CO_2 einen nachhaltigen Effekt auf den Temperaturanstieg hat. Mit großer Wahrscheinlichkeit werden wir Mitte des 21. Jahrhunderts das Klimaziel Limit von 1,5 Grad überschritten haben. Um dies zu verhindern, müssten wir in den kommenden Jahrzehnten unsere Kohlendioxid Emissionen drastisch reduzieren ebenso wie die

---

[4] Vgl. (RND 2022).

Emissionen anderer Treibhausgase, wie zum Beispiel Methan (CH_4), und Lachgas (N_2O). Je höher die globale Erwärmung ausfällt, desto häufiger und intensiver werden extreme Wetterereignisse stattfinden wie zum Beispiel Hitzewellen, Dürren oder Starkregen. Gleichzeitig werden Ozeane, Wälder und Böden, die einen relevanten Anteil der Treibhausgase bisher gespeichert haben, weniger wirksam als Speicher fungieren. Teilweise werden sie selbst – wie z. B. der Amazonas[5] – von einem CO_2 Speicher zu einem Emittenten werden. Diese Veränderungen werden über Jahrhunderte unumkehrbar sein – ebenso wie das Abschmelzen der Polkappen oder aber der dadurch ansteigende Meeresspiegel.

Hinter den Aussagen zu den erwartbaren Folgen der Erderwärmung stecken hochkomplexe Berechnungen von Supercomputern auf Grundlage naturwissenschaftlicher Forschung. Hinter den fünf möglichen Projektionen stehen aber auch verschiedene Erzählungen von menschlichem Handeln. Fachleute sprechen dabei von Shared Socioeconomic Pathways (SSPs). Sie drücken aus, wie stark das Ausmaß der Erwärmung in den kommenden Jahrzehnten mit sozioökonomischen Entscheidungen zusammenhängt. Unsere Zukunft auf der Erde hängt davon ab, wie die Menschen leben und wirtschaften: Ob wir als Weltgemeinschaft an einem Strang ziehen und auf ein Szenario unter zwei Grad Celsius (SSP1) Temperaturanstieg einschwenken (z. B. durch nachhaltiges Wirtschaften, geringerem Ressourcen- und Materialverbrauch sowie der Nutzung von nachhaltigen Energien). Oder ob wir als globale Gemeinschaft weiterhin auf fossile Brennstoffe und grenzenloses Wirtschaftswachstum – ohne Berücksichtigung der planetaren Grenzen – setzen (SSP5) und damit eine Klimakatastrophe jenseits einer Erwärmung von 3 Grad Celsius riskieren. Noch ist nicht absehbar, welches Szenario am Ende Wirklichkeit wird. Noch haben wir es mit unseren Entscheidungen in der Hand. Voraussetzung ist allerdings, dass wir bis spätestens 2050 netto null CO_2 Emissionen erreichen müssen.

Aber die Realität sieht aktuell leider anders aus, trotz aller wissenschaftlicher Erkenntnisse und Warnungen. Die Ergebnisse der Lancet Studie[6] haben auf der Datenbasis für das Jahr 2022 ergeben, dass 15 der größten Öl- und Gasunternehmen auf der Grundlage ihrer derzeitigen Produktionsstrategien und Marktanteile ihren Anteil an den Treibhausgasemissionen, die mit dem 1,5 °C-Klimaziel vereinbar sind, im Jahr 2040 um durchschnittlich 87 % (börsennotierte internationale Unternehmen) und 111 % (staatliche nationale Unternehmen) überschreiten würden, was die Ziele des Pariser Abkommens unerreichbar macht.

---

[5] Vgl. (frontiers 2021).
[6] Vgl. (LANCET 2022).

Das Nicht-Erreichen des Klimaziels von 1,5 Grad wird – wie oben schon geschildert – Konsequenzen haben. Aber nicht nur, was das Klima angeht. Denn die Auswirkungen auf Gesundheit, Ernährung und Migration werden nur selten in den Fokus der öffentlichen Debatte gerückt. Gleichwohl ist die Zahl hitzebedingter Todesfälle im Zeitraum von 2017 bis 2021 im Vergleich zu den Jahren 2000 bis 2004 um 68 % höher gewesen. Klimatische Veränderungen und die Ausbreitung von Infektionskrankheiten beeinflussen schon jetzt die Wirtschaft. Allein im Jahr 2021 wurden die durch Hitze verursachten wirtschaftlichen Schäden mit rund 669 Mrd. US$ an potenziellen weltweiten Einkommensverlusten beziffert.[7] Und neben den gesundheitlichen Folgen der Klimakrise zeigt eine Analyse von 103 Ländern, dass in Folge von Hitzewellen 2020 etwa 98 Mio. mehr Menschen von einer mäßigen bis schweren Ernährungsunsicherheit betroffen waren als im Schnitt der Jahre 1981 bis 2010. „Das zunehmend extreme Wetter nimmt globalen Lebensmittelsystemen die Stabilität – im Zusammenspiel mit anderen Krisen macht das Fortschritte im Kampf gegen Hunger zunichte", schreiben die Expert:innen der Studie.[8]

Ausbleibende Ernten, Wetterextreme und die klimatischen Veränderungen in vielen Regionen der Erde werden Menschen dazu zwingen, ihre bisherigen Lebensräume aufzugeben. Hinzu kommt, dass mangelnde Ernährungssicherheit oder Wasserversorgung die Lebensgrundlagen von Menschen zerstört. In der Folge entstehen soziale oder gewaltsame Konflikte, welche die Menschen in die Migration treiben. Die Weltbank schätzt, dass bis zum Jahr 2050 ca. 150 Mio. Menschen zu Klimaflüchtlingen werden könnten.[9] Insgesamt betrachtet bedroht der Klimawandel die Existenz von ca. 2 Mrd. Menschen im Globalen Süden.[10] Die Auswirkungen werden auch den globalen Norden betreffen.

2.3   Die planetaren Grenzen (des Wachstums)

Schon 2009 publizierte ein Team von etwa 30 internationalen Wissenschaftler:innen um Johan Rockström vom Stockholm Resilience Centre den Fachartikel „A safe operating space for humanity" und formulierte darin für neun zentrale

---

[7] Vgl. (LANCET 2022).
[8] Siehe Executive Summary (LANCET 2022).
[9] (The World Bank 2018).
[10] (Welt Hunger Hilfe 2023).

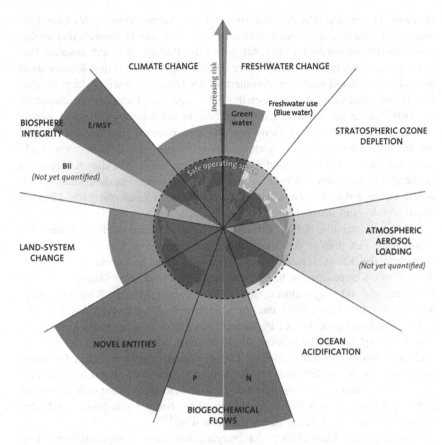

Abb. 2.2 Planetare Grenzen. (Quelle: Potsdam-Institut Für Klimafolgenforschung 2022, Online)

natürliche Systeme und Prozesse „planetare Belastbarkeitsgrenzen".[11] Das Konzept der planetaren Grenzen definiert Leitplanken und umfasst neun Dimensionen, die für die Gesundheit und Überlebensfähigkeit unserer menschlichen Zivilisation entscheidend sind (Abb. 2.2).

Unsere modernen Gesellschaften haben sich im Lauf der vergangenen 10.000 Jahre in einem relativ stabilen Zustand des Erdsystems entwickelt, dem

---

[11] (Rockström 2019).

Holozän. Diesen stabilen Zustand zu verlassen, könnte eine nachhaltige Entwicklung gefährden, wenn das Fundament fehlt: eine stabile Umwelt und intakte Natur. In den letzten Jahrzehnten haben wir die Bedingungen auf unserem Planeten jedoch massiv verändert: Unsere Treibhausgase heizen den Klimawandel an und führen damit auch zur Versauerung der Ozeane. Unsere Felder, Straßen und Häuser verändern die Landschaft, Fahrzeuge und Fabriken verschmutzen die Luft. Einige der neuen Chemikalien, die in die Umwelt gelangen, wirken sich auf die Gesundheit von Menschen und Ökosystemen aus. Wir beeinflussen den Wasserhaushalt, verändern wichtige Kreisläufe und sind dafür verantwortlich, dass viele Arten von Lebewesen für immer aussterben.[12] Mit diesen Eingriffen in die Natur verlassen wir nach und nach den sicheren Handlungsrahmen für unsere eigene Zukunft. Inzwischen haben wir sechs der neun planetaren Grenzen überschritten – mit unabsehbaren Folgen.[13]

Wenn wir über die globale Erwärmung sprechen, dann stellen wir uns eine schrittweise, fast lineare Verschlechterung des Klimas vor. Das ist aber ein Irrtum, denn das Klima verändert sich sprunghaft. Eine besondere Rolle spielen dabei Klima-Kipppunkte (auch: Kippelemente). Das sind Schwellenwerte im Klimasystem, die wie so genannte „points of no return" reagieren: Wird ein solcher Schwellenwert erreicht, führt das zu schnellen und unumkehrbaren Veränderungen des Erdklimas. Dieses Phänomen bezeichnet man auch als klimatische Rückkopplung. Haben die Schäden ein bestimmtes Ausmaß erreicht, ist die Entwicklung also unumkehrbar. Bereits kleine Veränderungen, die zum Erreichen eines einzigen Schwellenwerts für ein Kippelement führen, können somit eine klimatische Kettenreaktion verursachen. Und diese Reaktion lässt sich dann nicht mehr aufhalten, ähnlich wie eine Dominokette, bei der ein Stein durch den anderen angestoßen und zum Fallen gebracht wird.[14]

Aufgrund der Entwicklung der vergangenen Jahre prognostizieren Forscher:innen, dass der Temperaturanstieg um 1,5 Grad bereits im Jahr 2030 Wirklichkeit werden wird. Mit jedem Zehntelgrad mehr steigen die Risiken für das Erreichen weiterer Kipppunkte. „Damit ist die Erde geradewegs auf Kurs, mehrere gefährliche Schwellenwerte zu überschreiten, die für die Menschen auf der ganzen Welt katastrophale Folgen haben würden", so Johan Rockström vom Potsdam-Institut für Klimafolgenforschung (PIK).[15]

---

[12] (WWF 2023).
[13] (POTSDAM-INSTITUT FÜR KLIMAFOLGENFORSCHUNG 2022).
[14] (WORLD ECONOMIC FORUM 2023).
[15] (POTSDAM-INSTITUTE FÜR KLIMAFOLGENFORSCHUNG 2022).

Neben den planetaren Belastungsgrenzen gibt es aber auch wirtschaftliche Wachstumsgrenzen, die gerade wieder intensiv diskutiert werden. 1972 hat der Club of Rome, ein Zusammenschluss von Fachleuten verschiedener Disziplinen und Länder, zur Zukunft der Weltwirtschaft festgestellt, dass die Grenzen des Wachstums auf der Erde endlich sind. Ausgangspunkt war eine Studie, die zeigte, dass das individuelle lokale Handeln aller Menschen globale Auswirkungen hat.[16] Der viel beachtete Bericht warnte damals, wenn das Wachstum von Bevölkerung, Wirtschaft und Konsum ungehindert weitergehe, drohe Mitte des 21. Jahrhunderts die Katastrophe. Im Februar 2022 erschien eine neue Studie des Club of Rome, die eindrücklich verdeutlichte, dass es noch nicht zu spät ist, aber wir dringend handeln müssen, denn wir haben kein Erkenntnisproblem, sondern ein Handlungsdefizit.[17]

Die Herausforderung, den Ausstoß von Treibhausgasen in den kommenden Jahrzehnten auf Null zu reduzieren, ist gewaltig und die Kosten sind beträchtlich. Sie erfordert eine Neuausrichtung der Weltwirtschaft von Grund auf – das bedeutet Veränderungen in jedem Büro, jeder Fabrik, jeder Stadt und jedem Land auf der Erde. Die Princeton University schätzt, dass die USA bis 2030 2,5 Billionen Dollar (11 % des BIP) investieren müssten, um ihr Netto-Null-Ziel bis 2050 zu erreichen. Die Europäische Kommission prognostiziert für das kommende Jahrzehnt sogar 3,5 Billionen Euro (25 % des BIP). Für die längerfristig erforderlichen Investitionen gibt es umfassendere Schätzungen. So schätzte Morgan Stanley, dass für die Umstellung von fünf Schlüsselindustrien – erneuerbare Energien, Elektrofahrzeuge, Wasserstoff, Kohlenstoffabscheidung und -speicherung und Biokraftstoffe – 50 Billionen Dollar erforderlich wären. Diese Kosten sind Investitionen in eine nachhaltige Zukunft und damit eigentlich alternativlos. Denn dem gegenüber stehen die Kosten, die kein Klimaschutz und keine Transformation mit sich bringen würden. So betrugen die Gesamtschäden aus Naturkatastrophen im Jahr 2022 weltweit 270 Mrd. US Dollar (2021: 280 Mrd. US Dollar). Dabei hat allein Hurrikan Ian in den USA Schäden in Höhe von 100 Mrd. US Dollar verursacht.[18] Und Berechnungen zeigen, dass selbst die stärksten Volkswirtschaften bald nicht mehr in der Lage sein werden, die Schäden wirtschaftlich auszugleichen.[19]

Wir müssen uns also ändern: Sowohl unsere Art zu wirtschaften als auch unsere Sicht auf die Welt. Nur wenn es uns gelingt, Ökonomie, Ökologie

---

[16] (Meadows 1972).

[17] (Randers 2022).

[18] (Munich:RE 2023).

[19] (POTSDAM-INSTITUT FÜR KLIMAFOLGENFORSCHUNG 2022).

und Soziales wieder ins Gleichgewicht zu bringen, werden wir auch in eine
lebenswerte Zukunft gestalten können.

Die Herausforderungen nachhaltigen Wirtschaftens: Von der Analyse des CO_2 Fußabdrucks bis zum Nachhaltigkeitsbericht

3

Spätestens seit der Unterzeichnung des Pariser Klimaabkommens 2015 und der Verabschiedung der Sustainable Development Goals (kurz SDGs) durch die United Nations im Jahr 2016 ist klar, dass Klimaschutz und die Sicherstellung einer lebenswerten Zukunft kein Thema für Idealisten mehr ist, sondern eine globale Herausforderung für Wirtschaft, Politik und Gesellschaft. Ökologische und soziale Nachhaltigkeit ist zu einer Frage des Überlebens der Menschheit geworden. Folgerichtig muss nachhaltiges Wirtschaften der zukünftige modus operandi aller Unternehmen sein, um diesen politischen Vorgaben zu entsprechen. Damit gilt aber auch: Wer eine Transformation in Richtung Nachhaltigkeit in Angriff nimmt, erhält sich die Möglichkeit, auch in Zukunft unternehmerisch zu wachsen. Die Entwicklung neuer nachhaltiger Geschäftsmodelle, die Aufwertung der Produkte, die Verringerung von Risiken und auch die Stärkung der eigenen Marke, sowie die Attraktivität als Arbeitgeber – all das sind unternehmerischen Chancen, die sich als Umsatz- und Gewinntreiber erweisen können. Ganz abgesehen davon, dass nachhaltiges Wirtschaften mehr Resilienz auf allen Ebenen eines Unternehmens mit sich bringt.

Viele Unternehmer: innen und Führungskräfte – egal auf welcher Ebene – hadern mit den Kosten für Nachhaltigkeit im Unternehmen. Dabei unterschätzen sie jedoch den mittel- und langfristigen Nutzen. Zu oft wird nachhaltiges Wirtschaften als ein *nice to have* gesehen und nicht als essenzieller Bestandteil einer Unternehmensstrategie und eines unternehmerischen Handelns. Dementsprechend inkonsequent und defensiv agieren viele Unternehmen. Dabei ist Nachhaltigkeit nicht nur notwendig, sondern stellt sicher, dass die Zukunftsfähigkeit eines Unternehmens gewährleistet ist. Irene Binder, Sustainability Transformation Director L'Oreal DACH bringt es so auf den Punkt: „Die unternehmerische Auseinandersetzung mit Nachhaltigkeit ist Risikomanagement. Hier geht es nicht mehr um

M. Bethke, *Nachhaltiges Wirtschaften als Erfolgsfaktor*, essentials, https://doi.org/10.1007/978-3-658-42321-6_3

strategische Wettbewerbsvorteile, sondern tatsächlich und ganz profund um die "license to operate" eines jeden Unternehmens."

Nachhaltiges Wirtschaften bietet vielfältige ökonomische Vorteile und Ansätze, die bei der Transformation eines Unternehmens berücksichtigt werden sollten. Sie reichen von verbesserter Ressourceneffizient, Etablierung einer Kreislaufwirtschaft, Produktion von umweltfreundlichen Produkten und Dienstleistungen bis hin zu sozialer Verantwortung und Transparenz in der Lieferkette. Die Berücksichtigung solcher Aspekte trägt zum Erhalt des zukünftigen wirtschaftlichen Erfolges des Unternehmens bei und damit auch zum Erhalt der „license to operate" – gerade in einer sich zunehmend stärker verändernden Welt mit immer komplexeren Herausforderungen.

Immerhin geben weltweit 64 % der Entscheider:innen in Unternehmen an, dass Nachhaltigkeitsziele Teil ihrer Geschäftsstrategie sind.[1] Aber nur ca. 20 % spricht Nachhaltigkeit einen Nutzen zu, während in Deutschland zum Beispiel ca. 50 % der Entscheider:innen der Meinung sind, dass die Kosten den Nutzen übersteigen.[2] Vielfach fehlt es in Unternehmen noch an Grundsätzlichem wie z. B. nachhaltigkeitsbezogenen Daten oder funktionsübergreifender Koordination der Nachhaltigkeitsbemühungen. Dabei wird es zukünftig ohne diese Daten nicht mehr gehen, denn mit der Corporate Sustainability Reporting Directive (CSRD) stehen in Deutschland ca. 15.000 Unternehmen vor der Herausforderung neuer Berichtspflichten. Der Weg zu mehr Nachhaltigkeit im Unternehmen ist daher auch eng verknüpft mit der Digitalisierung von Prozessen. Gerade die Digitalisierung ermöglicht eine effizientere Nutzung von Ressourcen (z. B. Reduzierung von Verbrauchen oder Verbesserung von Energieeffizienz), verbessert die Transparenz in der Lieferkette (z. B. durch Ermöglichung nachhaltigerer Beschaffungs- oder Lieferantenpraktiken) und fördert innovative Geschäftsmodelle (z. B. durch die Entwicklung nachhaltigerer Produkte und Dienstleistungen), die Nachhaltigkeit in den Mittelpunkt stellen. Darüber hinaus erfordert die Umsetzung einer Nachhaltigkeitsstrategie im Unternehmen das Nachverfolgen und Überprüfen vieler Ziele, Maßnahmen und Kennzahlen (KPIs). Eine konsequente Digitalisierung von Prozessen erleichtert somit die Datensammlung und Datenanalyse, um Einblicke in die Umweltauswirkungen des Unternehmens zu gewinnen. Gleichzeitig erleichtern und verbessern digitale Prozesse und Technologien die Kommunikation über Nachhaltigkeitsinitiativen und -ergebnisse – intern wie extern. Denn eine transparente Berichterstattung über Umwelt-, Sozial- und Unternehmensführungsaspekte (ESG) trägt dazu bei, das Vertrauen der Stakeholder in das Unternehmen zu

---

[1] (Capgemini 2022, S. 8).
[2] (Capgemini 2022, S. 20).

stärken und im Rahmen der Governance der Nachhaltigkeitsstrategie weitere Verbesserungen anzustoßen.

3.1 Nachhaltigkeit: Die Kosten des Nicht-Handelns

In der öffentlichen und auch politischen Diskussion steht oft die durchaus ernstgemeinte Frage im Fokus, wieviel Klimaschutz wir uns eigentlich leisten können und wieviel dieser kosten darf. Die pointierte Antwort darauf ist: Klimaschutz darf soviel kosten, wie es erfordert, ein stabiles Klima und eine lebenswerte Zukunft zu gewährleisten. Denn Klimaschutz ist zum einen Menschenschutz und zum anderen wird es auf einem toten Planeten gar keine Wirtschaft – wie wir sie kennen – mehr geben.

Mehr als 200 der größten Unternehmen der Welt schätzen, dass allein der Klimawandel sie insgesamt fast 1 Billion US-Dollar kosten könnte, wenn sie nicht handeln. Gleichzeitig ist mehr als die Hälfte des weltweiten BIP potenziell gefährdet, da die Wirtschaft von der Natur und ihren Leistungen abhängig ist.[3] Diese Ökosystemdienstleistungen[4] werden näherungsweise mit ca. 170 bis 190 Billionen US-Dollar bemessen.[5] Das ist ca. das Doppelte des globalen BIP des Jahres 2021, welches bei ca. 97 Billionen US-Dollar lag.

Wie gravierend unser Verlust an Biodiversität schon fortgeschritten ist, zeigt sich eindrücklich im Living Planet Index des WWF. Mehr als zwei Drittel der darin untersuchten Tierwelt sind in den letzten 50 Jahren vom Menschen vernichtet worden. Die Populationen von Tieren, Vögeln und Fischen sind seit 1970 um fast 70 % geschrumpft. Die Auswirkungen des Artensterbens können wir dabei noch gar nicht bemessen. All das hat wirtschaftliche Folgen: Die großen Rückversicherer bewerten den eskalierenden Klimawandel als Risiko und warnen seit Jahre vor den Kosten der dadurch verursachten Schäden.[6] Und auch die Bundesregierung geht davon aus, dass die Kosten des Klimawandels bis 2050 bis zu 900 Mrd. EUR kosten könnten.[7] Es ist also keine Überraschung, dass das World

---

[3] (WORLD ECONOMIC FORUM 2023).

[4] Ökosystemdienstleistungen (ÖSD) sind als direkte und indirekte Beiträge von Ökosystemen zum menschlichen Wohlergehen definiert und beschreiben damit Mensch-Umwelt-Beziehungen.

[5] (NABU 2020).

[6] (Munich:RE 2023).

[7] (Bundesregierung 2023).

Economic Forum (WEF) in seiner jährlichen Risikobewertung vier ökologische Risiken als größte Gefahren für die Menschheit aufführt (Abb. 3.1):

1. Versagen bei der Eindämmung des Klimawandels,
2. Versagen bei der Anpassung an den Klimawandel,

Global Risks Report 2023

Top 10 Risks

"Please estimate the likely impact (severity) of the following risks over a 2-year and 10-year period"

	2 years		10 years
1	Cost of living crisis	1	Failure to mitigate climate change
2	Natural disasters and extreme weather events	2	Failure of climate-change adaption
3	Geoeconomic confrontation	3	Natural disasters and extreme weather events
4	Failure to mitigate climate change	4	Biodiversity loss and ecosystem collapse
5	Erosion of social cohesion and societal polarization	5	Large-scale involuntary migration
6	Large-scale environmental damage incidents	6	Natural resource crises
7	Failure of climate-change adaption	7	Erosion of social cohesion and societal polarization
8	Widespread cybercrime and cyber insecurity	8	Widespread cybercrime and cyber insecurity
9	Natural resource crises	9	Geoeconomic confrontation
10	Large-scale involuntary migration	10	Large-scale environmental damage incidents

Risk categories
▪ Economic ▪ Environmental ▪ Geopolitical ▪ Societal ▪ Technological

Source: World Economic Forum, Global Risks Perception Survey 2022-2023

Abb. 3.1 Global Risk Report World Economic Forum – Top 10 Risks. (Quelle: World Economic Forum, online)

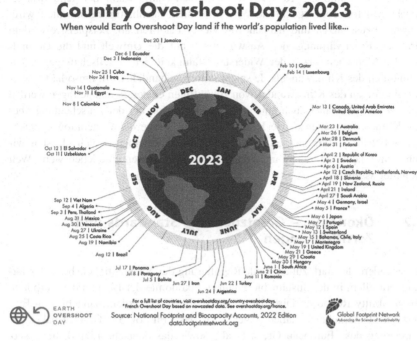

Abb. 3.2 Earth Overshoot Day (Erdüberlastungstag) nach Ländern und Datum[10]. (Quelle, EARTH OVERSHOOT DAY, online)

3. Naturkatastrophen und extreme Wetterereignisse und
4. Verlust der biologischen Vielfalt und Zusammenbruch von Ökosystemen.[8]

Als Weltgemeinschaft verbrauchen wir mehr natürliche Ressourcen als uns zur Verfügung stehen bzw. die Natur regenerieren kann. Aktuell sind das die Ressourcen von ca. 1,75 Erden pro Jahr. Auf Länderebene betrachtet liegt dieser Wert für Deutschland bei 3 und für die USA sogar bei 5 Erden. Mittel- bis langfristig gehen uns damit die Ressourcen und wir konsumieren uns im wahrsten Sinne des Wortes zu Tode – und den Planeten gleich mit. Gradmesser hierfür ist der jährliche Erdüberlastungstag, der jedes Jahr früher aufzeigt, wie wir mit den endlichen Ressourcen des Planeten umgehen (Abb. 3.2).[9]

[8] (WORLD ECONOMIC FORUM 2023, S. 6).
[9] (EARTH OVERSHOOT DAY 2023).
[10] (EARTH OVERSHOOT DAY 2023).

In Summe sind die Kosten für die Gesellschaft, wenn der Klimawandel ungebremst fortschreitet und die Wirtschaft nicht nachhaltig transformiert wird, schwer abzuschätzen und hängen von vielen Faktoren ab: beispielsweise dem Grad der Erderwärmung, den Auswirkungen auf die Umwelt und die Gesundheit der Menschen sowie der Widerstandsfähigkeit der Gesellschaft gegenüber den Folgen des Klimawandels. Je später jedoch gehandelt wird, umso härter werden die Folgen des Klimawandels von zukünftigen Generationen getragen werden müssen. Es gibt daher auch eine ethische Dimension bei der Entscheidung über den Klimaschutz, ebenso wie Klimaschutz eine Frage der Generationengerechtigkeit betrifft.[11] Wir müssen als Gesellschaft entscheiden, welche Kosten wir bereit sind, heute zu tragen, um zukünftigen Generationen eine lebenswerte Welt zu hinterlassen.

3.2   Ökonomie – Gesetzgebung, Standards und Zertifizierungen

Insbesondere die stark zunehmende Regulierung der Nachhaltigkeitsberichterstattung, vor allem in der Sustainable-Finance-Taxonomie der EU und der Corporate Sustainability Reporting Directive (CSRD) ab 2023, werden maßgeblichen Einfluss auf Unternehmen haben. Aber auch das „Fit for 55"-Gesetzespaket zur Umsetzung des „European Green Deal", sowie das deutsche Lieferkettengesetz gilt es zu beachten. Für Unternehmen besteht die Herausforderung darin, diese regulatorischen Entwicklungen zu antizipieren und in ihre Geschäftsmodelle zu integrieren, um wettbewerbsfähig zu bleiben.

Die 17 Ziele der Sustainable Development Goals (SDG) sind die Grundlage vieler internationaler und nationaler Regulierungen und Gesetze der neuen „green economy". Sie liefern damit auch die Grundlagen anhand derer jedes Unternehmen selektieren und priorisieren kann, welche Nachhaltigkeitsfelder es mit seinem Handeln beeinflussen will. Die SDGs drehen sich um Maßnahmen zur Sicherung von Frieden, Ernährungssicherheit, Wasserversorgung, Erneuerbaren Energien, Bildungschancen und vielen anderen. Durch einen Katalog von 169 Unterzielen werden sie zudem für die Umsetzung und Anwendung noch präzisiert, sodass eine Unternehmensstrategie und ihr Erfolg greif- und nachweisbar werden.

---

[11] Siehe hierzu auch die Begründung des Bundesverfassungsgerichts zur erfolgreichen Klage gegen das Klimaschutzgesetz: (Bundesverfassungsgericht 2021).

Um die Glaubwürdigkeit der Nachhaltigkeitsbestrebungen eines Unternehmens zu stärken und auch das Ambitionsniveau immer wieder zu hinterfragen, gibt es eine Reihe an Standards und Zertifizierungen, die als Orientierungshilfe dienen oder genutzt werden können. Wie z. B.

*   Deutscher Nachhaltigkeitskodex (DNK)
*   Global Reporting Initiative (GRI)
*   UN Global Compact (UNGC)
*   SDG (Sustainable Development Goals der United Nations)

Bei der Auswahl sollte jedoch unbedingt auf die spezifischen Anforderungen und Ziele des Unternehmens sowie die Erwartungen der Stakeholder geachtet werden. Die Auseinandersetzung mit den verschiedenen Standards und Optionen ist somit unverzichtbar, um in der neuen „green economy" erfolgreich zu agieren. Schlussendlich trägt jedes Unternehmen mit der Einhaltung von Gesetzgebung, Standards und Zertifizierungen nicht nur zum eigenen langfristigen Erfolg bei, sondern unterstützt damit auch das Erreichen nationaler wie internationaler Nachhaltigkeitsziele.

3.3 Ökologie – Reduktion versus Kompensation von Emissionen und Ressourcenschutz

Unternehmen, die Nachhaltigkeit in den Purpose oder die Vision ihres Handelns stellen wollen, müssen die ökologische Dimension der Nachhaltigkeit berücksichtigen, um langfristig erfolgreich zu sein und verantwortungsvoll handeln zu können. Dies bedeutet, sich in der gesamten Wertschöpfungskette auf den Schutz und Erhalt der Umwelt sowie den sparsamen Einsatz von Ressourcen zu konzentrieren. Dazu gilt es die Verringerung von Emissionen zu forcieren, den Schutz der Biodiversität zu fördern, erneuerbare Energien zu nutzen und generell mit Rohstoffen verantwortungsvoll umzugehen. Im Idealfall mit dem Ziel der Etablierung einer weitestgehenden Kreislaufwirtschaft.

Viele Unternehmen stellen die Reduktion von Emissionen in dem Hauptfokus ihrer Nachhaltigkeitsbemühungen. Sie legen dazu CO_2 Ziele fest und Maßnahmen innerhalb des Unternehmens und/oder seiner Wertschöpfungskette. Die Herausforderung ist es, effektive und auch mittel- bis langfristige Maßnahmen zur Reduktion von Emissionen zu identifizieren und umzusetzen. Oft erfordert dies erhebliche Investitionen in neue Technologien, Prozesse und Produktionsverfahren. Zum Beispiel durch Energieeffizienz, den Einsatz erneuerbarer Energien oder die Verbesserung von Produktionsverfahren. Die positive Folge der Umsetzung solcher Maßnahmen ist zum einen die dadurch erzielte Investition in die langfristige Wettbewerbsfähigkeit des Unternehmens und zum anderen die Unabhängigkeit von fossilen Energieträgern. In der Folge hat dies auch Auswirkung auf die Zusammenarbeit mit Lieferanten und Partnern in der Wertschöpfungskette, denn auch hier lässt sich eine Reduktion der Emissionen entlang der gesamten Lieferkette erreichen.

Da wo Emissionen nicht reduziert werden können, bemühen sich viele Unternehmen Klimaneutralität durch Investitionen in externe Klimaschutzprojekte zu erreichen. Dadurch sollen Emissionen bilanziell neutralisiert werden. Solche Projekte können beispielsweise Aufforstungsmaßnahmen oder Energieeffizienzprojekte in anderen Ländern oder Branchen sein. Doch hier lohnt es sich kritisch zu sein, denn viele Kompensationsprojekte sind höchst umstritten und hinsichtlich ihrer Methodik und Validierung von CO_2 Bindung fragwürdig. Einige Projekte werden als ineffektiv oder sogar schädlich für die Umwelt betrachtet, während andere nicht zu einem nachhaltigen Wandel beitragen. Ein weiteres Problem ist die fehlende Standardisierung und Überprüfung von Klimaschutzprojekten, die es Unternehmen schwer macht, sicherzustellen, dass ihre Investitionen tatsächlich einen positiven Einfluss auf die Umwelt haben. Um diese Herausforderungen zu bewältigen, empfehlen sich drei einfache Phasen:

1. Transparente Bilanzierung und Offenlegung aller Emissionen in der Wertschöpfungskette
2. Reduktion aller Emissionen in der Wertschöpfungskette entlang eines wissenschaftsbasierten 1,5-Grad-Klimaziels
3. Übernahme finanzieller Verantwortung für verbleibende Emissionen auf dem Weg zur Erreichung des 1,5-Grad-Klimaziels

Mit diesen drei Schritten und der transparenten Berichterstattung im Nachhaltigkeitsbericht ist gewährleistet, dass Unternehmen ihre Klimaziele ganzheitlich verfolgen und sich ihrer Verantwortung in der gesamten Wertschöpfungskette bewusst sind. Insbesondere die dritte Phase erfordert dabei noch einmal gesonderte Aufmerksamkeit, da es nicht darum geht, den eigenen CO_2 Fußabdruck auszugleichen, sondern Klimaschutz generell zu stärken und dazu im Rahmen der individuellen Möglichkeiten beizutragen. Es lohnt sich zudem auch in die Überprüfung von Klimaschutzprojekten Zeit und Mühe zu investieren und nur Projekte zu unterstützen, die strengen Umwelt- und Sozialstandards entsprechen. Generell gilt hier die Devise: Erst Emissionen vermeiden und reduzieren und dann kompensieren.[12] Wobei eine Kombination durchaus akzeptabel ist, sofern die Nachhaltigkeitsziele dadurch nicht in ihrer Ambition abgeschwächt werden.[13]

Neben den Emissionsreduktionen stellt der Ressourcenschutz für Unternehmen eine weitere Herausforderung dar, weil es einen Widerspruch zwischen dem Ziel der Gewinnmaximierung und dem Schutz von begrenzten Ressourcen gibt. Um nachhaltig zu wirtschaften und um langfristig erfolgreich zu sein, ist der Schutz von Ressourcen unumgänglich. Dies wird im Rahmen einer Nachhaltigkeitsstrategie nicht nur aus ökologischen, sondern auch aus sozialen Gründen von Unternehmen erwartet. Sowohl Stakeholder, wie auch Kunden und Regulierungsbehörden formulieren diesbezüglich Erwartungen. Ein nachhaltig wirtschaftendes Unternehmen sollte den Verbrauch von Rohstoffen, Energie und Wasser minimieren, um Umweltauswirkungen zu reduzieren und Kosten zu senken. Zum Beispiel kann das durch Effizienzsteigerungen, Recycling und die Nutzung von Sekundärrohstoffen erreicht werden. Viele Unternehmen setzen sich in diesem Zusammenhang auch immer stärker mit der Kreislaufwirtschaft auseinander und versuchen eine Integration in verschiedenen Bereichen der Wertschöpfungskette. Das Ziel ist eine Reduktion des Bedarfs an neuen Rohstoffen sowie Minimierung von Umweltbelastungen, die mit der Rohstoffgewinnung und -verarbeitung einhergehen.

Kurzum: Eine konsequente und ganzheitliche Herangehensweise an die ökologische Nachhaltigkeit ist für Unternehmen unerlässlich, um langfristig erfolgreich und verantwortungsbewusst agieren zu können. Durch die Integration von Ressourceneffizienz, Emissionsreduktion und Kreislaufwirtschaft in die Unternehmensstrategie können sie nicht nur ihre Umweltbelastung minimieren, sondern auch nachhaltige Wertschöpfung generieren und ihre Wettbewerbsfähigkeit sichern.

3.4 Soziales – Corporate Citizenship und Menschenrechte in den Lieferketten

In einer Welt, die zunehmend von globalen Herausforderungen wie Klimawandel, Ressourcenknappheit und sozialer Ungleichheit geprägt ist, ist es wichtiger denn je, dass Unternehmen ihre Verantwortung für eine nachhaltige Zukunft wahrnehmen. Die soziale Dimension, als dritte Dimension der Nachhaltigkeit, wird dabei

---

[12] Weitere Informationen zum Thema Kompensation unter: (Gold Standard 2023).
[13] Mehr dazu auch hier: (Umweltbundesamt 2022).

in der Nachhaltigkeitsstrategie oft übersehen. Dabei liegen die Vorteile auf der Hand:

1. Aufbau stärkerer Beziehungen zu Stakeholdern und Erwartungsmanagement hinsichtlich deren Bedürfnisse und Erwartungen
2. Förderung einer loyalen, motivierten und zufriedenen Mitarbeiterschaft, sowie Stärkung der langfristigen Leistungsfähigkeit und Wettbewerbsfähigkeit des Unternehmens
3. Etablierung eines positiven Images, welches das Vertrauen von Kunden, Investoren und der Gesellschaft in die Unternehmenspraktiken stärkt.

Insbesondere im Hinblick auf Arbeitsbedingungen, Menschenrechte, Gleichstellung, Bildung und Gesundheit gilt es hier das Unternehmen zu positionieren und strategisch auszurichten. Gerne wird in diesem Zusammenhang von Corporate Citizenship gesprochen, womit die Übernahme der sozialen Verantwortung durch das Unternehmen gemeint ist. In der Praxis bedeutet das, dass ein Unternehmen sich aktiv für die Gemeinschaft einsetzt und sich an lokalen Initiativen und Projekten beteiligt, die das soziale Wohlergehen fördern. Dies kann zum Beispiel die Unterstützung von Bildungs- und Gesundheitsprogrammen, Umweltschutzprojekten oder kulturellen Veranstaltungen umfassen.

Aber die soziale Verantwortung geht noch weit darüber hinaus. Insbesondere wenn man sich die Lieferketten und ggf. schlechte Arbeitsbedingungen in der Lieferkette ansieht kann dies erhebliche negative Auswirkungen auf Mitarbeiter, Partner und ganze Regionen haben. Ob Überstunden, Löhne unter dem Existenzminimum, fehlende Gesundheits- und Sicherheitsvorkehrungen sowie Diskriminierung und Zwangsarbeit: Das Tolerieren solcher Zustände unter dem Primat der Profimaximierung führt nicht nur zu unzufriedenen Arbeitern, hoher Mitarbeiterfluktuation und niedriger Produktivität, sondern wirkt sich in Zeiten von Social Media und einer dafür sensibilisierten Öffentlichkeit negativ auf das Image eines Unternehmens aus.

In einer globalisierten Wirtschaft mit weltumspannenden Lieferketten ist bereits der Versuch, lückenlose Transparenz über die Umsetzung fairer und umweltgerechter Bedingungen herzustellen, eine enorme Herausforderung. Dafür ist eine gemeinsame Anstrengung aller Beteiligten in unterschiedlichen Industrien notwendig. Neue Technologien wie Blockchain, Big Data Analytics oder Künstliche Intelligenz können helfen und werden in Zukunft noch stärker in den Fokus der Nachhaltigkeitsstrategien gelangen. Treiber dieser notwendigen Veränderung kann jeder sein – der Kunde mit seinem Kaufverhalten, Hersteller sowie Rohstofflieferanten, Finanzinvestoren, Wirtschaftsverbände und Staaten. Und so muss sich jedes Unternehmen die Frage stellen, was die unterschiedlichen Stakeholder von ihm erwarten. Und nicht immer ist das klar zu definieren. So stellt Alexander Birken, CEO der Otto Group, fest: „Das Nachhaltigkeitsbewusstsein der Verbraucher wächst, dennoch beobachten wir ein Auseinanderdriften zwischen diesem Bewusstsein und dem tatsächlichen Handeln."[14]

Das ist nicht verwunderlich, denn die aktuelle weltpolitische Lage hat auch konkrete Auswirkungen auf die Verbraucher, die, ebenso wie die Politik und die Wirtschaft, mit multiplen Krisen und deren Auswirkungen konfrontiert sind (Ukrainekrieg, Energiekrise, Inflation – um nur einige zu nennen). Während 2021 noch 67 % der Verbraucher bereit waren, für nachhaltige Produkte mehr Geld auszugeben, hat sich dieser Wert 2022 auf gerade noch 30 % reduziert.[15] „Wenn wir es schaffen, Verbraucher in ihrer Haltung zu beeinflussen und ihr Verhalten zu verändern, eröffnet sich ein großes Potenzial für CO_2-Einsparungen", so Aufsichtsratschefin Simone Bagel-Trah vom Konsumgüterkonzern Henkel.[16]

Aber genau dieses Verhalten zu beeinflussen ist komplex und nicht immer durch Marketing zu erzielen. Denn die Einstellung der Konsumenten zu nachhaltig wirtschaftenden Unternehmen und Nachhaltigkeit generell stimmt nicht immer mit ihrem tatsächlichen Verhalten überein. Man spricht hier vom sogenannten Attitude-Behavior-Gap, welches in vielen Studien nachgewiesen wurde. Eine Studie, die sich mit diesem Thema befasst, ist die „Green Gap"-Studie, die von der Werbeagentur Ogilvy & Mather durchgeführt wurde. Sie zeigte, dass viele Menschen sich zwar umweltbewusst verhalten möchten, aber tatsächlich nicht in der Lage sind, dies in die Tat umzusetzen. Zum Beispiel gaben 82 % der Befragten an, dass sie sich umweltfreundliche Produkte kaufen möchten, aber nur 16 % gaben an, dies tatsächlich zu tun.[17] Auch Capgemini hat sich mit diesem Thema ausführlich befasst und in einer Studie herausgefunden, dass Verbraucher oft nicht genügend Wissen über nachhaltige Produkte haben und dass Unternehmen bessere Informationen bereitstellen müssen, um das Bewusstsein zu erhöhen.[18]

Gerade Unternehmen, die einen Großteil ihrer Emissionen im Scope 3 Bereich verursachen, stehen hier vor großen Herausforderungen und müssen diese angehen.[19] Möglichkeiten gibt es viele: Ob durch Aufklärung und Information der

---

[14] (Bain & Company 2021, S. 16).

[15] (Deloitte 2022, S. 17).

[16] (Bain & Company 2021, S. 19).

[17] (Ogilvy & Mather 2019).

[18] (Capgemini 2021).

[19] Mehr zu Scope 1 bis 3 hier: (Carbon Trust 2023).

Verbraucher über die Nutzung von Produkten, die preisliche Besserstellung von nachhaltigen gegenüber konventionellen Produkten, oder aber die Sicherstellung einer leichten Verfügbarkeit von nachhaltigen Produkten. Sogar Partnerschaften mit NGOs, wie z. B. die vielen transformativen Unternehmenskooperation des WWF, sind eine Option, um das Verhalten von Verbrauchern in Richtung Nachhaltigkeit zu verändern.

Von der Gestaltung der Transformation bis zur Implementierung in der Praxis

4

Die Transformation eines Unternehmens war noch nie einfach. Und auch die Integration von Nachhaltigkeit in die Strategie oder gar dann eines Unternehmens ist eine große und anspruchsvolle Herausforderung, die alle Mitarbeiter auf allen Hierarchiestufen betrifft. Es gilt Strukturen, Prozesse und Kultur miteinander zu verzahnen und auf das neue Ziel – Nachhaltigkeit in allen Dimensionen und das nachhaltige Wirtschaften – auszurichten. Dazu bedarf es eines strukturierten Vorgehens und klarer Vorgaben, ebenso wie einer klaren Erwartungskommunikation, einer Allokation von Ressourcen und des richtigen Mindsets auf allen Ebenen des Unternehmens: „Nur wenn der/die CEO das Thema Nachhaltigkeit glaubwürdig besetzen kann und als Vorbild fungiert entsteht die notwendige Glaubwürdigkeit und Konsequenz, die für eine solche Transformation notwendig ist. Dies gilt grundsätzlich und gerade bei größeren Unternehmen, auch für das gesamte Top Management", so Axel Berger, HOW Digital & Sustainability Lead at Franz Haniel & Cie GmbH.

Das Erfolgsrezept für die Transformation zu einem nachhaltig wirtschaftenden Unternehmen ist eine klar strukturierte Vorgehensweise in fünf Schritten (Abb. 4.1):

1. Analyse der eigenen Position und Ausgangslage
2. Entwicklung der Nachhaltigkeitsstrategie (inklusive Vision, Mission und Zielbild)
3. Definition von Nachhaltigkeitszielen und Maßnahmen
4. Anpassung von Steuerungs- und Führungsprozessen und Etablierung einer Nachhaltigkeitskultur

M. Bethke, *Nachhaltiges Wirtschaften als Erfolgsfaktor,* essentials, https://doi.org/10.1007/978-3-658-42321-6_4

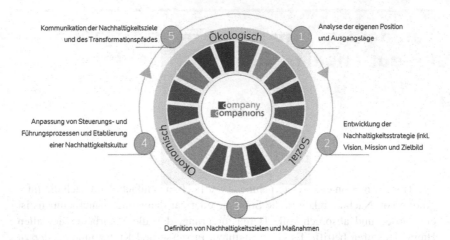

Abb. 4.1 Strategie zur Transformation in ein nachhaltiges Unternehmen entlang der drei Dimensionen der Nachhaltigkeit und auf Basis der 17 Nachhaltigkeitsziele der Vereinten Nationen (SDGs)

5. Kommunikation der Nachhaltigkeitsziele und des Transformationspfades

Die größte Herausforderung für viele Unternehmen ist es dabei, alle fünf Schritte zu durchlaufen und die Implementierung konsequent zu verfolgen, sowie anhand von KPIs oder Meilensteinen zu überprüfen und ggf. anzupassen.

4.1   Schritt 1: Analyse der eigenen Position und Ausgangslage

Nachhaltigkeit ist ein Innovationstreiber! Denn das Handeln von Unternehmen hat positive wie negative Effekte auf die Ökologie und die sozialen Bedingungen der Menschen, die mit diesem Unternehmen in einer Beziehung stehen.[1] Nichtsdestotrotz hängt es entscheidend von der Branche dem Geschäftsmodell und der Ausgangslage ab, welche Ziele und Maßnahmen ein Unternehmen konkret in den Fokus nehmen kann. Branchenübergreifend gilt, dass die Bestimmung der

---

[1] Laut einer Studie gehen 90 % der befragten Unternehmen weltweit davon aus, ihr Kerngeschäftsmodell zumindest teilweise anpassen zu müssen, um in einer nachhaltigen Wirtschaft zu bestehen. (Bain & Company 2021, S. 29).

Ausgangslage unverzichtbar ist für die Transformation in ein nachhaltiges Unternehmen und hin zu einem nachhaltigen Wirtschaften. Wie bei jeder strategischen Neuausrichtung sollte ein Unternehmen auch im Hinblick auf Nachhaltigkeit eine systematische und vollumfängliche Betrachtung der eigenen Position, des Marktumfeldes und der regulatorischen Faktoren durchführen. Hierzu sind drei Analysen notwendig:

A) Unternehmensanalyse

Zunächst gilt es in einer ersten Analyse den Blick nach innen zu richten und den internen Status Quo in Bezug auf Nachhaltigkeitsaspekte sichtbar zu machen. Schließlich geht es dabei um potenzielle positive wie negative Auswirkungen des Unternehmens bezüglich eines nachhaltigen Wirtschaftens. Als Referenz hat sich in der Praxis hier ein Abgleich mit den SDGs bewährt, um die positiven und negativen Impacts des Unternehmens zu analysieren. Das betrifft sowohl die Stärken und Schwächen (meistens durch die Erstellung einer SWOT-Analyse) des Unternehmens als auch die Klärung von Fragen bezüglich der Verankerung von Nachhaltigkeitsaspekten in die Organisation, die Wertschöpfungsketten und das Kerngeschäft. Fragen, die wir in unseren Projekten bei den company companions in den Vordergrund stellen, sind zum Beispiel:

* Gibt es eine Nachhaltigkeitsstrategie?
* Welche Nachhaltigkeitsziele verfolgt das Unternehmen?
* Wie ist Nachhaltigkeit in das Unternehmen, seine Prozesse und in seine Führungskultur sowie in die Entscheidungsfindung integriert?
* Welche Nachhaltigkeitsansätze werden in der Lieferkette verfolgt und wie steht es um die menschenrechtliche Sorgfaltspflicht?[2]

Und auch die Frage nach dem Wirken der Produkte (z. B. durch ein Life-Cycle Assessment) oder der Dienstleistungen für die Konsumenten sollte gestellt und beantwortet werden.

B) Umfeldanalyse

In einer zweiten Analyse gilt es dann die externen Faktoren zu analysieren, die häufig nur bedingt vom Unternehmen beeinflusst werden können. Fragen, die hier im Vordergrund stehen sollten, sind zum Beispiel:

* Welche regulatorischen Anforderungen muss das Unternehmen zukünftig erfüllen (z. B. Gesetze, Normen, etc.)?
* Welche Anforderungen werden von Stakeholdern oder Investoren gefordert (z. B. ESG-Ratings)?

---

[2] Weiterführend hierzu: (Umweltbundesamt 2020).

- Welche Anforderungen haben Kunden und Mitarbeiter (Purpose des Unternehmens, Diversität, Sozialleistungen, etc.)?
- Wie entwickelt sich der Markt und wie positionieren sich die Wettbewerber?

Hierzu bietet es sich an, einen Blick auf veröffentlichte Nachhaltigkeitsberichte, Kennzahlen und auch vorhandene Zertifizierungen (z. B. CO_2-Neutralität, Science Based Target, etc.) der Wettbewerber zu werfen. Zusammenfassend ergibt sich damit eine Benchmark, welche man noch einmal auf ihre Zukunftstauglichkeit überprüfen kann, indem man identifizierte Megatrends, sowie generell gesellschaftliche Entwicklung (z. B. hybrid work, Anforderungen der Generation Z oder Entwicklungen im Bereich Künstlicher Intelligenz, etc.) mit in die Gesamtanalyse aufnimmt.

C) Wesentlichkeitsanalyse

Durch den Vergleich der Ergebnisse der Unternehmensanalyse und der Umfeldanalyse ergibt sich die Ausgangslage des Unternehmens. Nun gilt es im Zuge einer Wesentlichkeitsanalyse (oft auch Materialitätsmatrix oder Materialitätsanalyse) zu gewichten, wo die höchste Relevanz für Nachhaltigkeitsaspekte des Unternehmens liegt und wo der höchste Impact auf die SDGs zu erzielen ist. Für eine belastbare Wesentlichkeitsanalyse müssen die verschiedenen Blickwinkel unterschiedlicher Stakeholder eingenommen werden. Denn es geht darum Transparenz herzustellen und die stärksten Hebelwirkungen des Unternehmens auf ökonomische ökologische und soziale Nachhaltigkeitsziele zu identifizieren. Dadurch lassen sich die Herausforderung erkennen und Handlungsbedarfe ableiten, um das Unternehmen auf ein nachhaltiges Wirtschaften auszurichten.

Die Durchführung der Analysen ist entscheidend und die unerlässliche Grundlage für die Ableitung und Priorisierung von Zielen, Maßnahmen und Kennzahlen. Der Austausch mit den Stakeholdern im Rahmen einer Wesentlichkeitsanalyse ist daher kein einmaliger Vorgang, sondern sollte kontinuierlich fortgesetzt werden. Dazu kann es hilfreich sein die unterschiedlichen Interessensgruppen in einem interdisziplinär besetzten Nachhaltigkeitsbeirat zu bündeln, der dem Unternehmen beratend zur Seite steht.

4.2   Schritt 2: Entwicklung der Nachhaltigkeitsstrategie (inkl. Vision, Mission und Zielbild)

Im nächsten Schritt kann auf Grundlage der eigenen Position und Ausgangslage die Nachhaltigkeitsvision entwickelt und beschrieben werden. Der Hauptzweck der Vision ist es, so kurz und präzise wie möglich den kundenorientierten Mehrwert und die Zukunft des Unternehmens zu beschreiben. Zudem sollte die Vision erklären, was das Unternehmen antreibt und wofür es in Zukunft stehen wird. Sie sollte deshalb ambitionierte und übergreifende Nachhaltigkeitsziele enthalten, die zeigen, wie das Unternehmen nachhaltig wirtschaften will. Die klare Absichtserklärung des Unternehmens zu einem nachhaltigen Wirtschaften und zu den drei Dimensionen der Nachhaltigkeit wird dadurch festgelegt. Gleichzeitig wird damit die Glaubwürdigkeit des Unternehmens gegenüber Mitarbeitern, Kunden, Stakeholdern und der Gesellschaft dokumentiert. Ein sehr gutes Beispiel bietet hierfür die Vision von VAUDE, ein Unternehmen, welches Nachhaltigkeit ins Zentrum seines Geschäftsmodells gestellt hat (Abb. 4.2).[3]

Für die Mitarbeiter:innen eines Unternehmens bietet die Vision Orientierung und ist Antrieb für das Erreichen der vom Unternehmen definierten Ziele. Gerade in diesem Zusammenhang kommt der Unternehmenskommunikation eine entscheidende Rolle zu. Durch transparente und aktive Kommunikation gilt es, die Herleitung und die Gründe für die Vision glaubwürdig und überzeugend zu vermitteln – intern wie extern. Die Nachhaltigkeitskommunikation ist damit auch ein Commitment, an dem sich das Unternehmen und insbesondere seine Führungskräfte zukünftig messen lassen müssen.

Nach der Entwicklung der Vision folgt die Entwicklung der Mission des Unternehmens. Sie soll den Unternehmenszweck und den Beitrag zur Erreichung der Vision beschreiben. Dabei bringt die Mission auf den Punkt, warum es das Unternehmen gibt, was es im Kern tut und welcher positive Beitrag für die Kunden und Partner des Unternehmens, aber auch die Gesellschaft, geleistet wird. Bei den company companions haben wir in vielen Projekten festgestellt, dass es hilfreich ist ein Zielbild zu skizzieren zum Beispiel im Rahmen eines Workshops. Dieses Zielbild beschreibt in einer Hypothese, was das Unternehmen in 5 Jahren leistet und wie es arbeitet. Ergänzen sollte man das Zielbild um 8–10 Strategien, die die langfristige strategische Grundausrichtungen nach innen und außen definieren und damit Orientierung geben. Mit der Erstellung der Vision

---

[3] (VAUDE 2022).

Vision

Mehr Lebensqualität durch nachhaltige Outdoor-Produkte und zukunftsweisendes Wirtschaften.

Mission

Wir schaffen innovative Produkte, Lösungen und Dienstleistungen, die umweltfreundlich und fair sind.
Durch nachhaltige Qualität und kreislauffähige Systeme minimieren wir unseren ökologischen Fußabdruck.
Damit nehmen wir Rücksicht auf planetare Grenzen und sind Treiber und Vorbild für verantwortungsvolles globales Wirtschaften.

Strategien

1. Wir stärken die Marke VAUDE und die Entwicklung nachhaltig, innovativer Produkte.
2. Wir wachsen nachhaltig durch ein Gleichgewicht zwischen ökonomischen, ökologischen und sozialen Zielen sowie durch eine gesunde Balance mehrerer Einkommensquellen.
3. Wir sind Partner des Fachhandels.
4. Wir sind ein attraktiver & verantwortungsvoller Arbeitgeber.
5. Wir setzen einen strategischen Fokus auf die Supply Chain.
6. Wir setzen einen strategischen Fokus auf Internationalisierung.
7. Wir gestalten eine zukunftsfähige IT.
8. Wir setzen einen strategischen Fokus auf Digitalisierung.
9. Wir stärken unsere Partnerschaften intern wie extern über aktiven Dialog.
10. Wir sind auf unsere Kernkompetenzen fokussiert. Wir schaffen Synergien und optimieren Prozesse und Strukturen kontinuierlich weiter. In unseren Kernprozessen sind wir transparent und planungssicher.

Unternehmensziele

Bereichsziele

Abteilungsziele

Mitarbeitendenziele

Abb. 4.2 Unternehmensstrategie VAUDE. (Quelle: VAUDE, online)

und Definition der Mission sowie der Herleitung der Strategien aus den vorange-stellten Analysen ist nun der inhaltliche Rahmen vorgegeben, der die Definition von Zielen ermöglicht.

4.3 Schritt 3: Definition von Nachhaltigkeitszielen und Maßnahmen

Schon Peter Drucker hat gesagt „Culture eats strategy for breakfast." Und das gilt auch für eine Nachhaltigkeitsstrategie. Nach wie vor ist es eine der größten Herausforderungen für die meisten Unternehmen ihre Strategie in Handlungen zu überführen und gleichzeitig die Mitarbeiter:innen nicht nur Top Down son-dern auch Bottom Up in die Implementierung zu integrieren. Umso wichtiger ist es die gesetzten Ziele mit sichtbaren Meilensteinen zu verknüpfen und die Mitarbeiter:innen in den Prozess zu integrieren. Die Transformation in ein nachhaltiges Unternehmen bzw. die Etablierung des nachhaltigen Wirtschaftens sollte man daher als eine Reise verstehen. Schließlich geht es darum, ganzheitlich Verantwortung zu übernehmen und den ökologischen Fußabdruck zu verringern. Die Auswahl der richtigen Ziele ist daher entscheidend. Sie müssen mit konkreten, messbaren Zielwerten (KPIs) und Zeithorizonten versehen werden. Gleichzeitig gilt es sich regelmäßig mit den erreichten Zielwerten und den Zeithorizonten auseinanderzusetzen. Auch das eigene Ambitionsniveau in Bezug auf Nachhaltigkeitsbestrebungen muss kontinuierlich reflektiert und einem Verbesserungsprozess unterworfen werden.

Zur Herleitung von Nachhaltigkeitszielen hat es sich bewährt die oben schon erwähnten 17 Sustainable Development Goals der Vereinten Nationen heranzuziehen.[4] Sie umfassen alle drei Säulen der Nachhaltigkeit und sind durch konkrete Teilziele definiert. Vor ihrem Hintergrund lassen Sie sich folgende Leitfragen diskutieren:

1. Welche Anknüpfungspunkte haben wir als Unternehmen zu den SDGs?
2. Welchen Beitrag können wir als Unternehmen zu diesen Zielen leisten?
3. Wo leisten wir mit unserem Geschäftsmodell und Geschäftszweck bereits einen Beitrag?
4. Wo ergeben sich aus den Zielen auch Chancen für unsere unternehmerische Weiterentwicklung?

Anschließend kann man im Rahmen der Zielsetzung zunächst zu jedem einzelnen SDG Ziele für das Unternehmen definieren. Diese Ziele lassen sich dann auf unterschiedliche Ebenen wie zum Beispiel Bereichsziele, Abteilungsziele, oder Mitarbeiterziele herunterbrechen. Dadurch wird erreicht, dass die gesamte Organisation beziehungsweise das gesamte Unternehmen zur Erreichung der Nachhaltigkeitsziele beiträgt.

Zur Definition der Nachhaltigkeitsziele hat sich in der Praxis das SMART Prinzip bewährt: Das Akronym steht dabei für Spezifisch, Messbar, Attraktiv, Realistisch, Terminiert. Wichtig ist es in diesem Zusammenhang immer wieder, zum Beispiel nach der Durchführung von Maßnahmen zur Zielerreichung, eine Überprüfung der Vorgehensweise und der Zielwerte durchzuführen. Denn nur

---

[4] Beispielhaft ist hierfür die Herangehensweise von VAUDE im Rahmen Ihres CSR Reports: (VAUDE 2023).

durch eine präzise Formulierung der Ziele und eine genaue Terminierung ist eine nachgelagerte Steuerung möglich.

Für die Glaubwürdigkeit der Nachhaltigkeitsbestrebungen eines Unternehmens ist es wichtig, die Nachhaltigkeitsziele nach ihrem Impact zu priorisieren. Es gilt zum Beispiel den größtmöglichen Beitrag zur Reduktion von CO_2 Emissionen, oder eine Reduktion des Ressourcenverbrauchs (Wasser, Verpackungen, etc.) so schnell wie möglich zu leisten. In der Praxis bietet es sich daher an, auch kurzfristig erreichbare Ziele zu formulieren, die Signalwirkung im Unternehmen entfalten und die Motivation aller am Prozess Beteiligten erhöhen. Auch hier kann die Unternehmenskommunikation wieder mit eingebunden werden, um intern wie extern zu zeigen, dass das Unternehmen sich auf einem Transformationspfad zu einem nachhaltigen Unternehmen befindet.

Die Zusammensetzung der Nachhaltigkeitsziele und daraus resultierenden Maßnahmen ist eine komplexe und ambitionierte Herausforderung. Denn neben dem größtmöglichen Wirkpotential einzelner Maßnahmen bzw. der Erreichung bestimmter Ziele gilt es auch immer wieder zu prüfen welche Kapazitäten, finanzielle Möglichkeiten oder generell Ressourcen im Unternehmen zur Verfügung stehen. Die Unterteilung der Nachhaltigkeitsziele in Einzelmaßnahmen, die sich am besten auch wieder an den SDGs orientieren, ermöglicht es, die Nachhaltigkeitsbestrebungen des Unternehmens zu strukturieren, zu steuern und mit einem klaren Transformationspfad zu belegen. Die Erstellung einer Roadmap hat sich hier in der Praxis als Tool bewährt. In ihr können die Aufgaben und die notwendigen Kapazitäten geplant werden.

Viele Unternehmen konzentrieren sich bei der Erstellung ihrer Nachhaltigkeitsstrategie immer noch an Klimaschutzzielen oder einer CO_2 Reduktion. Das ist sicherlich ein erster guter Ansatz, der allerdings zu kurz springt. Denn für ein nachhaltig wirtschaftendes Unternehmen gilt es nicht nur ökologische Aspekte zu berücksichtigen, sondern auch soziale Initiativen und die Entwicklung neuer nachhaltiger Geschäftsmodelle. Es ist daher entscheidend stets alle drei Dimensionen der Nachhaltigkeit – Ökonomie, Ökologie und Soziales – in der Strategie zu berücksichtigen.

4.4 Schritt 4: Anpassung von Steuerungs- und Führungsprozessen und Etablierung einer Nachhaltigkeitskultur

Insbesondere im Zuge der erstmaligen Erstellung einer Nachhaltigkeitsstrategie wird meistens offensichtlich, dass die Implementierung auch eine Organisationsveränderung nach sich zieht. Denn es erfordert Steuerungsmechanismen in der Organisation, die das Erreichen der Ziele und die Umsetzung der einzelnen Maßnahmen begleitet, überwacht und gegebenenfalls anpasst. Das bedeutet, dass nicht nur Strukturen in der Organisation angepasst werden müssen, sondern auch Zuständigkeiten Verantwortlichkeiten und Prozesse. Diese Anpassung wird dabei je nach Unternehmensgröße unterschiedlich angegangen und ein Chief Sustainability Officer ist da eher den Großunternehmen oder Konzernen vorbehalten.

In den meisten KMU werden in der Praxis daher oft crossfunktionale Nachhaltigkeitsteams (oder Sustainability Steering Committee) eingesetzt, die mit genügend Verantwortung ausgestattet, die Umsetzung der Strategie begleiten und auch in der Organisation für entsprechende Dynamik auf allen Ebenen sorgen.[5] Dadurch ist die Verknüpfung der Nachhaltigkeitsstrategie mit der praktischen Umsetzung gewährleistet.

Anhand klar definierter und messbarer Ziele, sowie einer Roadmap zur Erreichung der Ziele kann die Nachhaltigkeitsstrategie dann implementiert und kontinuierlich überprüft werden. In Verbindung mit einer internen wie externen Kommunikation, die die Bedürfnisse der unterschiedlichen Stakeholder Gruppen berücksichtigt, kann transparent über die Fortschritte, die Probleme und die Ergebnisse der Umsetzung berichtet werden. Ein solches Vorgehen schafft sowohl in als auch außerhalb des Unternehmens das notwendige Vertrauen bezüglich der Transformation zu einem nachhaltig wirtschaftenden Unternehmen.

Entscheidend für die erfolgreiche Umsetzung der Nachhaltigkeitsstrategie ist es, wie bei jedem Strategieprozess, das Commitment des Managements sowie aller Mitarbeiter:innen für die Umsetzung und die Erreichung der Ziele zu gewährleisten. Die Nachvollziehbarkeit der Ziele – insbesondere für die Mitarbeiter:innen – ist daher eine Grundvoraussetzung. In der Praxis verzeichnen die Unternehmen den größten Erfolg bei der Umsetzung, denen es gelingt, die Mitarbeiter:innen in die Umsetzung der Strategie zu integrieren und zu Co-Autoren der Transformation zu machen. Wenn jede:r Mitarbeiter:in erkannt und verstanden

---

[5] (Bain & Company 2021, S. 30).

hat, dass sein/ihr Engagement und Handeln wichtig und wertvoll für das Gelingen der Strategie unerlässlich ist, ist der Erfolg der Umsetzung fast garantiert. Durch die Erstellung eines Werte- oder Verhaltenskodex kann hier ein klarer Rahmen für das Handeln aller definieren werden – vom Praktikanten bis zum CEO. Aber je größer das Unternehmen ist, um so komplexer und herausfordernder wird es, alle Mitarbeiter:innen in die Umsetzung mit einzubinden. Regelmäßige und transparente Kommunikation innerhalb des Unternehmens ist daher wichtig, ebenso wie regelmäßige Berührungspunkte mit der Nachhaltigkeitsstrategie auf allen Hierarchieebenen. Sei es im Rahmen von Workshops, Online-Modulen, externen Vorträge oder aber Aktionstagen im Unternehmen.

Und auch die externe Kommunikation ist gefordert, wenn es darum geht, Nachhaltigkeitsambitionen darzulegen und Fortschritte anhand von KPIs transparent zu kommunizieren. Relevant ist hierfür nicht nur die maßnahmenbezogene Kommunikation, sondern auch die generelle Nachhaltigkeitsberichterstattung. Sie liefert nachvollziehbar Auskunft über Ziele, Strategien und Maßnahmen des unternehmerischen Handelns in allen drei Dimensionen der Nachhaltigkeit und der Transformation zu einem nachhaltig wirtschaftenden Unternehmen.

Die Nachhaltigkeitsberichterstattung orientiert sich in vielen Fällen an der Finanzberichterstattung. Die Aufgabe des Nachhaltigkeitsteams oder des Sustainability Steering Committee ist es, die Berichterstattung zu gewährleisten und nicht nur eine vollständige und konsistente Erhebung von qualitativen und quantitativen Daten im Nachhaltigkeitskontext sicherzustellen, sondern die Informationen abzurufen und zu koordinieren damit ein Nachhaltigkeitsbericht erstellt werden kann.

Für viele Unternehmen und Finanzinstitute gibt es schon seit 2017 die Verpflichtung zur Erstellung eines Nachhaltigkeitsreports gemäß CSR-Richtlinie. Seit 2019 wurde diese Richtlinie um Klima und Umweltrisiken ergänzt. Darüber hinaus gibt es aber auch weitere Möglichkeiten des Reportings wie zum Beispiel, dass ESG Rahmenwerk oder die Global Reporting Initiative GRI.

Es ist wichtig, den Standard oder Rahmen auszuwählen, der am besten zu den Zielen und Anforderungen des Unternehmens passt. Es kann auch eine Kombination von Standards verwenden werden, um einen umfassenderen Bericht zu erstellen. Beachten muss man dabei, dass die Einhaltung eines bestimmten Standards oder Rahmenwerks möglicherweise zusätzliche Anforderungen an die Datensammlung und Berichterstattung stellt. Daher ist es ratsam, sich frühzeitig mit den verschiedenen Optionen vertraut zu machen.[6]

---

[6] Einen guten Überblick über die unterschiedlichen Standards gibt es hier: (CSR 2023) und weiterführend zu Zertifikaten und Siegeln: (CSR 2023).

Mit der Veröffentlichung des Nachhaltigkeitsberichts ist der Prozess der Integration von Nachhaltigkeitsbemühungen in die Unternehmensstrategie und die Transparenz hinsichtlich des nachhaltigen Wirtschaftens des Unternehmens aber nicht abgeschlossen. Nachhaltigkeit erfordert einen kontinuierlichen Prozess, der über die Weiterentwicklung und Optimierung beziehungsweise das Ambitionsniveau der Ziele und Maßnahmen des Unternehmens Rechenschaft ablegt.

4.5   Schritt 5: Kommunikation der Nachhaltigkeitsziele und des Transformationspfades

Die Glaubwürdigkeit der Nachhaltigkeitsbemühungen eines Unternehmens hängt nicht nur von der internen Kommunikation, sondern auch von seiner externen Nachhaltigkeitskommunikation ab. Die Veröffentlichung eines Nachhaltigkeitsberichts ist hier nur ein Aspekt. Von Unternehmen wird eine transparente, ehrliche und glaubwürdige Kommunikation gefordert. Denn nachhaltiges Wirtschaften erfordert eine entsprechende Haltung und Verantwortung seitens des Unternehmens. Jede:r Mitarbeiter:in ist zwangsläufig als Teil des Unternehmens davon betroffen. Und die Kommunikation sollte dieses Selbstverständnis widerspiegeln. Dabei sind die Berührungspunkte mit gesellschaftspolitischen Themen je nach Unternehmen und Branche unterschiedlich gelagert.

Durch den Bezug der Nachhaltigkeitsstrategie zu den SDGs ergibt sich zwangsläufig eine Haltung des Unternehmens und der Unternehmensführung. Und jedes Nachhaltigkeitsziel und jede umgesetzte Maßnahme zeigt den Stellenwert, den Nachhaltigkeit für das Unternehmen hat. Dies gilt es zu kommunizieren.

Als Vorbild und Multiplikatoren sind die Angestellten ein wichtiger Baustein zur Transformation der Wirtschaft in Richtung Nachhaltigkeit. Die Glaubwürdigkeit der Veränderung wird über die Mitarbeiter:innen sichtbar und in die Gesellschaft getragen. Eine erfolgreiche Implementierung der Strategie erfordert, dass die Mitarbeiter:innen die Ziele und Maßnahmen nachvollziehen können und transparent über deren Erreichung oder Nichterreichung kommuniziert wird. Nur wenn die Mitarbeiter:innen die Nachhaltigkeitsambitionen akzeptieren und die Unternehmenskultur prägen, kann ein Unternehmen erfolgreich zu einem nachhaltig wirtschaftenden Unternehmen transformiert werden.

Die Führungskultur und der Wertekanon innerhalb des Unternehmens spielen hierbei eine wichtige Rolle. In unseren Projekten bei den company companions legen wir großen Wert darauf, die Mitarbeiter:innen zu „Co-Autoren" und Gestaltern des Veränderungsprozesses zu machen. Nur mit ihrer Mitarbeit lässt sich das

Ziel des nachhaltigen Wirtschaftens und ein Unternehmen, das seine gesellschaftliche Verantwortung übernimmt, erreichen. Ein „business as usual" wird dann nicht mehr akzeptiert und die Neuausrichtung des Unternehmens ambitioniert vorangetrieben. Leider zögern viele Unternehmen, transparent und offen nach außen ihre Nachhaltigkeitsbemühungen zu kommunizieren. Die Zurückhaltung wird oft dadurch begründet, dass man erst die Ziele erreichen oder übererfüllen möchte, bevor man an die Öffentlichkeit geht. Diese Angst, Fehler zu machen, ist problematisch, denn schließlich erwartet niemand von einem Unternehmen, dass es jetzt schon perfekt ist. Das wird ohnehin nie der Fall sein können, da Nachhaltigkeit ein immerwährender Prozess bleiben wird. Bei der Transformation zu einem nachhaltig wirtschaftenden Unternehmen ist die Reise das Ziel. Entscheidend ist, Verantwortung zu übernehmen, nachhaltig zu wirtschaften und zu zeigen, dass dies ein erfolgversprechender ökonomischer Weg ist. Positive wie auch negative Erfahrungen sollten daher transparent kommuniziert und in den öffentlichen Diskurs eingebracht werden.

Jedes Unternehmen muss für sich entscheiden, welcher Weg der Kommunikation der Richtige ist. Die Veröffentlichung eines Nachhaltigkeitsberichtes ist dabei nur ein Mittel der Wahl. In Zeiten von Social Media und einer Flut von Kommunikationskanälen kann das Unternehmen über seine Haltung, Position und Ambitionsniveau in unterschiedlichen Formen und für unterschiedliche Zielgruppen informieren. Die unterschiedlichen Nachhaltigkeitsdimensionen bieten zudem über das reine Produkt, die Dienstleistung oder das Unternehmen hinaus Möglichkeiten der Kommunikation. Und jede Kommunikationsmaßnahme, sowohl intern als auch extern, lässt Mitarbeiter, Konsumenten, Stakeholder und auch die Gesellschaft erkennen, wie sehr das Unternehmen seine gesellschaftliche Verantwortung wahrnimmt.

Nachhaltiges Wirtschaften in der Praxis: Von der Analyse zum Erfolgsfaktor

Die Herausforderung nachhaltiges Wirtschaften in der Praxis zu etablieren und ein Unternehmen zu transformieren ist groß und für jedes Unternehmen, das sich auf den Weg macht, unterschiedlich. Je nach Branche, oder Impact in Bezug auf die SDGs gilt es, einen anderen Weg einzuschlagen. In diesem abschließenden Kapitel möchte ich Ihnen einige eindrucksvolle und sehr unterschiedliche Beispiele aus Unternehmen vorstellen, die zeigen, wie nachhaltiges Wirtschaften zu einem entscheidenden Erfolgsfaktor werden kann.

Grundlage hierfür waren Interviews, um die Erfahrungen, Herausforderungen und Erfolge der einzelnen Unternehmen im Bereich der Nachhaltigkeit besser zu verstehen. Diese Gespräche haben wertvolle Einblicke und Best Practices geliefert. Aus Platzgründen wird hier von jedem Unternehmen nur eine Antwort abgedruckt. Die vollständigen Interviews inklusive Zusatzinformationen lassen sich aber über den beigefügten QR-Code abrufen. Zur Orientierung hier die sieben Fragen, die die Interviewten beantwortet haben:

1. Besteht für Ihr Unternehmen ein Risiko, weil Wettbewerber Nachhaltigkeit als strategischen Vorteil einsetzen? Und wenn ja, wie gehen Sie damit um?
2. Wirtschaftlichen Erfolg und Wachstum mit umweltbewusstem Handeln und sozialer Verantwortung in Einklang zu bringen, ist ein unverzichtbarer Wettbewerbsfaktor. Wo sehen Sie hier Ihre größte Herausforderung für Ihr Unternehmen?
3. Beschreiben Sie ein Projekt (oder eine Initiative) das aus Ihrer Sicht beispielhaft für die Nachhaltigkeitsbestrebungen Ihres Unternehmens ist.
4. Wie gelingt es Ihnen, die Mitarbeiter:innen mit auf die Reise in Richtung Nachhaltigkeit zu nehmen und was sehen Sie hier als größte Herausforderung/ Chance?

M. Bethke, *Nachhaltiges Wirtschaften als Erfolgsfaktor,* essentials, https://doi.org/10.1007/978-3-658-42321-6_5

5. Welchen Rat würden Sie einem Unternehmen geben, welches sich jetzt erst mit dem Thema Nachhaltigkeit und nachhaltiges Wirtschaften auseinandersetzt? Was könnte das Unternehmen von Ihren Erfahrungen lernen?
6. Wir befinden uns im Jahr 2028 und Sie blicken zurück auf die letzten 5 Jahre. Auf welche Nachhaltigkeitsleistung Ihres Unternehmens sind Sie besonders stolz und warum?
7. Wie würden Sie die Bedeutung von Nachhaltigkeit für Ihr Unternehmen in einem Satz beschreiben?

5.1 Nachhaltiges Wirtschaften in der Konsumgüterlndustrie am Beispiel von Procter & Gamble

Interviewpartnerin: Gabriele Hässig, Geschäftsführerin Kommunikation und Nachhaltigkeit

05 | Welchen Rat würden Sie einem Unternehmen geben, welches sich jetzt erst mit dem Thema Nachhaltigkeit und nachhaltiges Wirtschaften auseinandersetzt? Was könnte das Unternehmen von Ihren Erfahrungen lernen?

Nachhaltigkeit muss in der Kernunternehmensstrategie verankert sein. Und zwar als integriertes Element und nicht nur daneben gestellt. Außerdem müssen die Nachhaltigkeitsinitiativen auch Wert schaffen. Sonst werden Maßnahmen unter Druck eingestellt.

5.2   Nachhaltiges Wirtschaften in der Lebensmittelindustrie am Beispiel von Ferrero

Interviewpartner: Aldo Cristiano, Head of Institutional Affairs and Sustainability

06 | Wir befinden uns im Jahr 2028 und Sie blicken zurück auf die letzten 5 Jahre. Auf welche Nachhaltigkeitsleistung Ihres Unternehmens sind Sie besonders stolz und warum?

Wir sind auf unsere vielseitigen Anstrengungen und Meilensteine stolz: Von der zertifizierten nachhaltigen Beschaffung unserer strategischen Rohstoffe über unsere nationalen und internationalen Biodiversitätsschutzprojekte hin zu den Maßnahmen zur nachhaltigen Reduktion der Treibhausgas-Emissionen innerhalb unserer gesamten Lieferkette.

5.3   Nachhaltiges Wirtschaften in der Textilindustrie am Beispiel von Brands Fashion

Interviewpartner: Mathias Diestelmann, Geschäftsführer

03 | Beschreiben Sie ein Projekt (oder eine Initiative) das aus Ihrer Sicht beispielhaft für die Nachhaltigkeitsbestrebungen Ihres Unternehmens ist.

„Unser derzeit aussagefähigstes Projekt ist sicherlich ‚Vom Feld in den Fanshop'. Gemeinsam mit dem BMZ und der GIZ sowie neun Fußballvereinen der 1. und 2. Bundesliga unterstützen wir 450 indische Baumwollfarmer bei der Umstellung von konventionellem, genmanipuliertem und Pestizid-behandeltem auf organischen Baumwollanbau. Dies bedeutet zum einen Ernteausfälle und zum anderen bedarf es an Hilfestellung für nachhaltige Anbaupraktiken. Beides fangen wir gemeinsam mit unseren Projektpartnern auf: Wir unterstützen finanziell und verpflichten uns die Baumwolle in Fanmerchandise-Artikel zu konvertieren und an den Endverbraucher zu verkaufen. Außerdem wird von Fairtrade sichergestellt, dass die Farmer faire Preise für ihre Baumwolle bekommen. Wir möchten direkt den Anbau von Bio-Baumwolle fördern und nicht nur aus einem bestehenden Topf herausgreifen."

5.4   Nachhaltiges Wirtschaften in der Kosmetikindustrie am Beispiel von L'Oreal

Interviewpartnerin: Irene Binder, Sustainability Transformation Director L'Oréal DACH

02 | Wirtschaftlichen Erfolg und Wachstum mit umweltbewusstem Handeln und sozialer Verantwortung in Einklang zu bringen, ist ein unverzichtbarer Wettbewerbsfaktor. Wo sehen Sie hier Ihre größte Herausforderung für Ihr Unternehmen?

In der Kommunikation mit dem weiten Feld der Verbraucher:innen. Auf der einen Seite steht unsere Grundlagenarbeit als Unternehmen, auf der anderen Seite muss all dies den Konsument:innen auch bekannt sein. Dazu kommt, dass wir als großes Unternehmen auch immer wieder in Bezug auf die Ernsthaftigkeit unserer Nachhaltigkeitsziele und -bestrebungen kritisch betrachtet werden.

Deswegen setzen wir auf maximale Transparenz in der Kommunikation. Das stärkt nicht nur das Vertrauen der Konsument:innen in das Unternehmen und unsere Nachhaltigkeitstransformation. Sie vermittelt den Kund:innen auch das Wissen und die Fähigkeit, bewusste Kauf- und Konsumentscheidungen zu treffen. Beispielsweise rollen wir sukzessive unser Produkt Umwelt und Sozial Impact Label aus, das – ähnlich dem NutriScore im Lebensmittelhandel – den Konsument:innen einen schnellen Überblick über die genauen Umweltauswirkungen eines Produktes gibt. Die Methodik hinter diesem Label wurde mit unabhängigen Wissenschaftler:innen entwickelt und durch das Bureau Veritas extern akkreditiert. Konsument:innen erfahren durch den Score auf einen Blick, wie viel CO_2-Emissionen, wie viel Wasserverbrauch mit einem Produkt einhergehen, wie die Verpackung zu recyceln ist und wie der soziale „Fußabdruck" entlang der Lieferkette aussieht. In diesem Sinne arbeiten wir auch unternehmensübergreifend am „EcoBeautyScore" mit.

Da sind wir im Übrigen auch wieder beim oben bereits angesprochenen Miteinander: unsere Verantwortung für unsere Produkte hört nicht an unserem Warenausgang auf, gleichwohl minimiert sich ab dort unser Handlungsspielraum. Genau das denken wir mit, wenn wir unsere Produkte nach einem Lebenszyklusansatz kreieren oder überarbeiten. Dennoch sind wir überzeugt, dass es darüber hinaus Kommunikation, Dialog und Transparenz braucht, damit die

Konsument:innen letztlich wissen, dass es am Ende der Lieferkette in ihrer Hand liegt, verantwortungsvoll mit einem Produkt umzugehen.

5.5　Nachhaltiges Wirtschaften in der Versicherungsbranche am Beispiel von Allianz

Interviewpartner: Rainer Karcher, Global Head of IT Sustainability, Allianz Technology

05 | Welchen Rat würden Sie einem Unternehmen geben, welches sich jetzt erst mit dem Thema Nachhaltigkeit und nachhaltiges Wirtschaften auseinandersetzt? Was könnte das Unternehmen von Ihren Erfahrungen lernen?

Wer jetzt in die Thematik Nachhaltigkeit einsteigt, sollte dies möglichst von Beginn an mit einer ganzheitlichen Betrachtung tun und sich nicht dazu verführen lassen, eine Fokussierung auf CO_2 und potenziell relativ triviale Kompensation der eigenen Emissionen durch Zertifikate zu finden.

Nur wenn Nachhaltigkeit ganzheitlich in die Unternehmensstrategie einfließt, ist nachhaltiges Wirtschaften mit entsprechend ökonomischen Ergebnissen möglich.

Es gibt hierzu bereits viele Erfahrungswerte, speziell im Umfeld der großen (DAX-)Konzerne und die bereits angesprochene Leidenschaft der dort zuständigen Verantwortlichen ermöglicht beinahe immer einen offenen Austausch, aus dem Unternehmen, die ihre Reise zu mehr Nachhaltigkeit starten, lernen können.

Darüber hinaus gibt es Initiativen, von denen viele ohne kommerzielles Interesse eine aktive Weitergabe von Informationen und „best practices" zum Ziel haben oder die helfen, Standards zu definieren bzw. diese einzusetzen.

Ein wichtiger Hinweis zum Start ist darüber hinaus noch, die Messbarkeit von Initiativen und Ergebnissen möglichst rasch zu definieren, speziell um fokussieren zu können und die großen und damit für das eigene Unternehmen elementaren Herausforderungen zu finden und aktiv angehen zu können.

5.6   Nachhaltiges Wirtschaften in einem Mischkonzern am Beispiel von Franz Haniel & Cie

Interviewpartner: Axel Berger, Head of Sustainability & Digital Franz Haniel & Cie. GmbH

03 | Beschreiben Sie ein Projekt (oder eine Initiative) das aus Ihrer Sicht beispielhaft für die Nachhaltigkeitsbestrebungen Ihres Unternehmens ist.

Haniel hat das Thema Nachhaltigkeit zum integralen Teil seiner Strategie gemacht und unter dem Begriff enkelfähig zusammengeführt. Das bedeutet, dass der Erfolg des Unternehmens nicht länger nur durch einen einzigen, finanziellen Wert bemessen wird, dem Total Shareholder Return (TSR), sondern daneben, und gleichberechtigt, durch die Nachhaltigkeitsperformance der Unternehmen, ausgedrückt über den sogenannte Future Worth (FWL) Score. Dies wird sukzessive überall in die Gruppe eingezogen, so dass bspw. Ziele und Incentivierung auch auf beide Dimensionen abgestimmt sind. Kein Unternehmen in der Haniel Gruppe kann und darf langfristig in nur einer dieser Dimensionen erfolgreich sein. Der Anspruch ist, dass ein Unternehmen nur dann Teil der Gruppe sein kann, wenn es mittel- bis langfristig in beiden Dimensionen erfolgreich und damit enkelfähig ist.

Die Grundlage, um die Performance in Bezug auf Nachhaltigkeit messen und bewerten zu können ist das Bewertungssystem, das sogenannte Future Worth Living Rating, welches Haniel im Jahr 2020 aufgebaut und im Jahr 2021 zum festen Bestandteil der Investitions- und Transformationsentscheidung für die Beteiligungsgesellschaften gemacht hat. Hierbei handelt es sich im Vergleich zu einem klassischen ESG-Rating nicht um eine Bewertung des Risikos für das Unternehmen in Bezug auf ökologische, soziale und rechtliche Veränderungen, sondern um eine Bewertung des Impacts des Unternehmens selbst auf Umwelt und Gesellschaft. Haniel investiert damit heute in kein Unternehmen, welches nicht zumindest das Potential für eine hohe Nachhaltigkeits-Performance hat (Score > 4,2 auf einer Skala von 1,0 bis 5,9) und entwickelt aus der Bewertung entsprechende Transformationspläne für die Unternehmen, die dann in die jeweilige Unternehmensstrategie einfließen. Inzwischen hat Haniel das FWL-Rating an einen externen Partner vergeben, der die Bewertung unabhängig vollzieht, und ca. 100 KPIs für die Bewertung hinterlegt hat. Neben der Nachhaltigkeitsperformance lässt sich daraus auch eine klassische ESG-Risiko-Bewertung und einer möglichen Taxonomie-Konformität ableiten. Zukünftig plant Haniel das FWL-Rating auch anderen Unternehmen für die eigene Bewertung oder die Bewertung eines Portfolios oder sonstiger Investitionsentscheidungen zu überlassen, um damit einen möglichen Standard für die Impact-Bewertung von Unternehmen anzubieten.

Neben der Bewertung von Unternehmen arbeitet Haniel ebenfalls an der Bewertung von Produkten, aus Ermangelung von existierenden Alternativen, die eine flächendeckende Beurteilung der Nachhaltigkeit von Produkten ermöglichen würden. Mit dem enkelfähig solutions Frameworks, welches im Jahr 2021 in allen Unternehmen eingeführt wurde, hat die Gruppe damit begonnen sämtliche Produkte und Services in Bezug auf ihren Impact zu bewerten, was aufgrund der über eine Million Produkte in der Gruppe eine enorme Herausforderung darstellt. Damit möchte Haniel nicht nur den steigenden Anforderungen der Regulierung (bspw. Ecodesign for Sustainable Products Regulation) frühzeitig gerecht werden, sondern sich vor allem einen strategischen Vorteil vor dem Hintergrund der wachsenden Sensibilität von Geschäftskunden und Konsumenten erarbeiten. Aktuell wird daran gearbeitet das Framework weiter zu professionalisieren und ultimativ auch extern zertifizieren zu lassen, um langfristig nachhaltige Produkte aktiv und offensiv im Markt anbieten zu können.

Ein weiteres Beispiel für die ernsthafte Umsetzung von Nachhaltigkeit im Unternehmen sind die Maßnahmen und Ziele in Bezug auf den Corporate Carbon Footprint (CCF) der Unternehmen und er Gruppe als Ganzes. Haniel hat sich bereits im Jahr 2021 ambitionierte Ziele gesetzt und möchte bereits im Jahr 2030 den eigenen Fußabdruck der Gruppe um 50 % deutlich reduziert haben. Darüber hinaus will Haniel in Projekte und Programme investieren, mit denen die Residualemissionen der Atmosphäre wieder entzogen werden (removal) und die Gruppe damit ab dem Jahr 2030 netto null Emissionen erzeugt und möglicherweise sogar umweltneutral wird. Die Haniel Holding, deren Komplexität im Vergleich zu den Unternehmen überschaubar ist, geht mit gutem Beispiel voran und hat bereits heute die eigenen Emissionen um über 30 % reduziert und strebt bereits für 2024/2025 Umweltneutralität an. Ein wichtiger Fortschritt dabei ist, dass Dekarbonisierungsmaßnahmen nicht singulär auf Basis ihres Dekarbonisierungspotentials priorisiert werden, sondern gleichzeitig in Bezug auf ihren Ergebnisbeitrag priorisiert werden. Dies erzeugt eine deutlich höhere Akzeptanz in der Organisation und ermöglicht damit eine schnellere Umsetzung. Auf diese Weise werden Erfolge in beiden Dimensionen erzielt, womit Freiräume für Projekte geschaffen werden, die heute vielleicht noch keinen nennenswerten Ergebnisbeitrag leisten, aber ein hohes Dekarbonisierungspotential vorweisen können.

Für Haniel steht fest, dass für eine tatsächliche Transformation in der Wirtschaft das eigene Bemühen bei weitem nicht ausreicht. Haniel treibt daher, zusammen mit einigen anderen überzeugten Unternehmen, die Gründung einer enkelfähig Initiative voran, die sich der Transformation der Wirtschaft in Balance zwischen Ökonomie, Ökologie und sozialer Verantwortung widmen soll. Einige der bereits selbst entwickelten Themen und Methoden von Haniel sollen ultimativ in dieser Initiative aufgehen, oder zumindest als gemeinsame Entwicklungsgrundlage dienen, und den Mitgliedern der Initiative gleichermaßen zu Verfügung stehen. In der Gründung dieser Initiative wird noch einmal die Ernsthaftigkeit deutlich mit der Haniel die enkelfähig Transformation vorantreibt.

5.7   Nachhaltiges Wirtschaften und Gemeinwohlökonomie am Beispiel von WEtell

Interviewpartner: Nico Tucher, Geschäftsführer WEtell GmbH

02 | Wirtschaftlichen Erfolg und Wachstum mit umweltbewusstem Handeln und sozialer Verantwortung in Einklang zu bringen, ist ein unverzichtbarer Wettbewerbsfaktor. Wo sehen Sie hier Ihre größte Herausforderung für Ihr Unternehmen?

WEtell ist klimaneutral (Scope I–III), von Anfang an seit dem Markteintritt im Jahr 2020. Große Mitspieler:innen im Mobilfunkbereich kündigen Klimaneutralität für das Jahr 2040 an. Dieser Gegensatz ist dramatisch, auch und gerade unter Berücksichtigung, in welcher Geschwindigkeit Klimawandel tatsächlich und tagtäglich passiert. Die Kommunikation dieses Unterschiedes, und zwar in einer Frequenz, Lautstärke und Tonalität, die auch gehört werden, ist aus der Perspektive eines jungen Unternehmens in einem etablierten Markt eine sehr große Herausforderung. Seitdem „Nachhaltigkeit" und „Klimaneutralität" als reine Marketingstrategien genutzt werden (können), geht parallel auch immer darum, Glaubwürdigkeit irgendwie von außen zu erlangen. Wir haben mit der Gründung von WEtell die glasklare Entscheidung getroffen, Nachhaltigkeit, Purpose und Corporate Responsibility in unsere DNA mit einzupflanzen und in allem, was wir tun, von innen heraus zu leben und im Außen zu bewirken.

Unsere Erfahrung zeigt hier: Wer einmal erkannt hat, wie entschieden enkeltauglich wir wirtschaften, bleibt uns treu. WEtell bietet hier Identifikationspotential wie kaum ein anderes Unternehmen mit dem vorliegenden Profil. Denn Menschen und Unternehmen schätzen die Übereinstimmung der Werte, genießen die Qualität der Dienstleistung und des Produktes, und erzählen daraufhin selbst von WEtell. Mund-zu-Mund Propaganda ist für WEtell daher das wichtigste Marketing-Instrument.

Fazit

Der Weg zu einem nachhaltig wirtschaftendem Unternehmen ist eine Reise, die jedem Unternehmen bevorsteht. Und für viele Unternehmen ist es keine freiwillige Reise. Oft genug begegnet mir diese Haltung auch in der Beratung von Unternehmen. Gestandene CEO mit beeindruckenden Karrieren, sehen sich plötzlich getrieben von Kundenerwartungen, neuer Regulatorik und oft genug auch von Mitarbeiter:innen einer neuen Generation, die den Purpose und die Vision des Unternehmens und seinen gesellschaftlichen Beitrag kritisch betrachten. Aber ist nicht genau das die Grundlage von Innovation? Das Hinterfragen des Bestehenden, das Anpassen an einen neuen Kontext und das Gestalten der Zukunft?

Die nachhaltige Transformation ist ein kontinuierlicher Prozess, der sowohl strategisches Denken als auch unternehmerisches Handeln erfordert. Unternehmen müssen ihre Position analysieren, eine Vision und Mission entwickeln, Nachhaltigkeitsziele und Transformationspfade definieren, Maßnahmen implementieren und ihre Steuerungs- und Führungsprozesse anpassen. Und manchmal gilt es auch Geschäftsmodelle der Vergangenheit über Bord zu werfen und sich neu zu erfinden.

Immer mehr Unternehmen – national wie international – integrieren nachhaltiges Wirtschaften in ihre Strategie. Denn die Integration von Nachhaltigkeit in die Unternehmensstrategie sichert nicht nur die „license to operate", sondern ermöglicht auch langfristigen Erfolg in einer zunehmend klimabewussten Welt. Die nachhaltige Transformation ist eine Investition in die Zukunft des Unternehmens, die Umwelt und die Gesellschaft. Indem wir Verantwortung übernehmen und gemeinsam einen Unterschied machen, können wir eine lebenswerte Zukunft innerhalb der planetaren Grenzen schaffen – eine Zukunft, die auf einer ausgewogenen Balance von Ökonomie, Ökologie und Sozialem basiert.

M. Bethke, *Nachhaltiges Wirtschaften als Erfolgsfaktor,* essentials, https://doi.org/10.1007/978-3-658-42321-6_6

Was Sie aus diesem *essential* mitnehmen können

- Die Bedeutung von nachhaltigem Wirtschaften für ein zukunftsfähiges Unternehmen
- Ein Verständnis für die drei Dimensionen der Nachhaltigkeit: Ökonomie, Ökologie, Soziales und ihren Impact auf ein Unternehmen
- Eine Schritt für Schritt Anleitung, um Nachhaltigkeit in die Strategie eines Unternehmens einzuführen
- Den Wert von Nachhaltigkeitskommunikation für das eigene Unternehmen zu nutzen

© Der/die Herausgeber bzw. der/die Autor(en), exklusiv lizenziert an Springer Fachmedien Wiesbaden GmbH, ein Teil von Springer Nature 2023
M. Bethke, *Nachhaltiges Wirtschaften als Erfolgsfaktor*, essentials,
https://doi.org/10.1007/978-3-658-42321-6

Literatur

Bain & Company. (2021). Abgerufen am 22. 04 2023 von https://www.bain.com/conten tassets/f6d0657acdc645088a7e3923a67bb387/bain-futurist-pik_nachhaltigkeitsstudie 2021_de_summary.pdf

Bundesregierung. (2019). Von https://www.bundesregierung.de/resource/blob/974430/167 9914/48c179c7e1912bb2143f1fd9277fdfe0/2019-10-09-klima-massnahmen-data.pdf? download=1 abgerufen

Bundesregierung. (2023). Abgerufen am 22. 04 2023 von https://www.bundesregierung. de/breg-de/themen/klimaschutz/kosten-klimawandel-2170246#:~:text=Mindestens% 20145%20Milliarden%20Euro%20Sch%C3%A4den,280%20und%20900%20Milliar den%20Euro

Bundesverfassungsgericht. (2021). Abgerufen am 22. 04 2023 von https://www.bundesver fassungsgericht.de/SharedDocs/Pressemitteilungen/DE/2021/bvg21-031.html

Capgemini. (2021). Abgerufen am 22. 04 2023 von https://www.capgemini.com/wp-content/ uploads/2021/02/20-06_9880_Sustainability-in-CPR_Final_Web-1-2.pdf

Capgemini. (2022). Abgerufen am 22. 04 2023 von https://prod.ucwe.capgemini.com/de-de/ wp-content/uploads/sites/8/2022/11/Report_SustainabilityAction.pdf

Carbon Trust. (2023). Abgerufen am 22. 04 2023 von https://www.carbontrust.com/de/pro jekte-und-ressourcen/ressourcen/briefing-was-sind-scope-3-emissionen

CSR. (2023a). Abgerufen am 22. 04 2023 von https://www.csr-in-deutschland.de/DE/CSR-Allgemein/CSR-in-der-Praxis/CSR-Berichterstattung/Standards/standards.html

CSR. (2023b). Abgerufen am 22. 04 2023 von https://www.csr-in-deutschland.de/DE/CSR-Allgemein/CSR-in-der-Praxis/CSR-Berichterstattung/Zertifikate-und-Siegel/zertifikate-und-siegel.html

Deloitte. (2022). Sustainability trend under pressure.

EARTH OVERSHOOT DAY. (2023a). Abgerufen am 22. 04 2023 von https://www.oversh ootday.org/?__hstc=104736159.0eec2a3a1618973ea8aa2c344300aad5.1668582069592. 1668582069592.1672935424811.2&__hssc=104736159.1.1672935424811&__hsfp= 1278771850

EARTH OVERSHOOT DAY. (2023b). Abgerufen am 22. 04 2023 von https://www.overshoot day.org/newsroom/country-overshoot-days/

Forbes. (22. 04 2023). Von https://www.forbes.com/sites/workday/2019/04/30/simon-sinek-applying-the-infinite-game-mindset-to-business/?sh=625ddec033dd abgerufen

© Der/die Herausgeber bzw. der/die Autor(en), exklusiv lizenziert an Springer Fachmedien Wiesbaden GmbH, ein Teil von Springer Nature 2023
M. Bethke, *Nachhaltiges Wirtschaften als Erfolgsfaktor,* essentials,
https://doi.org/10.1007/978-3-658-42321-6

frontiers. (2021). Abgerufen am 22. 04 2023 von https://www.frontiersin.org/articles/10. 3389/ffgc.2021.618401/full

Gold Standard. (2023). Von https://www.goldstandard.org/ abgerufen

IPCC. (2023). Von https://www.ipcc.ch/report/ar6/wg1/downloads/report/IPCC_AR6_ WGI_Full_Report.pdf abgerufen

LANCET, T. (2022). Abgerufen am 22. 04 2023 von https://www.thelancet.com/journals/lan cet/article/PIIS0140-6736(22)01540-9/fulltext

Meadows, D. (1972). *Die Grenzen des Wachstums.*

Munich:RE. (2023). *Klimawandel und La Niña treiben Schäden:.* Abgerufen am 22. 04 2023 von https://www.munichre.com/content/dam/munichre/mrwebsitespressrel eases/natcat2022-print-de.pdf/_jcr_content/renditions/original./natcat2022-print-de.pdf

NABU. (2020). Abgerufen am 22. 04 2023 von https://www.nabu.de/news/2020/09/28696. html#:~:text=Die%20%C3%96kosystemleistungen%20auf%20Grundlage%20einer% 20intakten%20Biodiversit%C3%A4t%20erbringen,al.%20%282014%29%20und% 20de%20Groot%20et%20al.%20%282012%29

Ogilvy & Mather. (2019). Abgerufen am 22. 04 2023 von https://climateaccess.org/system/ files/OgilvyEarth_Mainstream_Green.pdf

Potsdam Institute For Climate Impact Research. (2023). Abgerufen am 04 2023 von https:/ /www.forbes.com/sites/workday/2019/04/30/simon-sinek-applying-the-infinite-game- mindset-to-business/?sh=625ddec033dd

POTSDAM-INSTITUT FÜR KLIMAFOLGENFORSCHUNG. (2022a). Von https://www. pik-potsdam.de/de/aktuelles/nachrichten/update-planetare-grenzen-suesswassergrenze- ueberschritten?searchterm=planeta abgerufen

POTSDAM-INSTITUT FÜR KLIMAFOLGENFORSCHUNG. (2022b). Abgerufen am 22. 04 2023 von https://www.pik-potsdam.de/de/aktuelles/nachrichten/klima-wirtschaftsscha eden-fuer-usa-irgendwann-nicht-mehr-kompensierbar

POTSDAM-INSTITUTE FÜR KLIMAFOLGENFORSCHUNG. (09 2022). Von https://www. pik-potsdam.de/de/aktuelles/nachrichten/risiko-des-ueberschreitens-mehrerer-klima-kip ppunkte-steigt-bei-einer-globalen-erwaermung-von-mehr-als-1-5degc abgerufen

Randers, J. (2022). *Earth for All: Ein Survivalguide für unseren Planeten.*

RND. (2022). Abgerufen am 22. 04 2023 von https://www.rnd.de/wissen/klimawandel-due rre-starkregen-soziale-konflikte-diese-szenarien-bis-2100-gibt-es-SEEAOQF7IVB65G2 D4OGA6M763E.html

Rockström, e. a. (2019). nature. Abgerufen am 22. 04 2023 von https://www.nature.com/art icles/461472a

Sinek. (2019). *Forbes.* Abgerufen am 22. 04 2023 von https://www.forbes.com/sites/wor kday/2019/04/30/simon-sinek-applying-the-infinite-game-mindset-to-business/?sh=625 ddec033dd

Sinek, S. (2019). *The Infinite Game.*

The World Bank. (2018). Abgerufen am 22. 04 2023 von https://www.worldbank.org/en/ news/feature/2018/03/19/meet-the-human-faces-of-climate-migration

Umweltbundesamt. (2020). Abgerufen am 22. 04 2023 von https://www.carbontrust.com/de/ projekte-und-ressourcen/ressourcen/briefing-was-sind-scope-3-emissionen

Umweltbundesamt. (2022). Abgerufen am 22. 04 2023 von https://www.umweltbundesamt. de/umwelttipps-fuer-den-alltag/uebergreifende-tipps/kompensation-von-treibhausgas emissionen#gewusst-wie

Umweltbundesamt. (22. 04 2023). Abgerufen am 22. 04 2023 von https://www.umweltbun desamt.de/publikationen/management-von-klimarisiken-in-unternehmen

VAUDE. (2022). Abgerufen am 22. 04 2023 von https://nachhaltigkeitsbericht.vaude.com/ gri/vaude/integrierte-nachhaltigkeitsstrategie.php

VAUDE. (2023). Abgerufen am 22. 04 2023 von https://nachhaltigkeitsbericht.vaude.com/ gri/vaude/integrierte-nachhaltigkeitsstrategie.php

Welt Hunger Hilfe. (2023). Abgerufen am 22. 04 2023 von https://www.welthungerhilfe.de/ informieren/themen/klimawandel/klimafluechtlinge-klimawandel-und-migration

WORLD ECONOMIC FORUM. (2023a). Abgerufen am 22. 04 2023 von https://www.wef orum.org/agenda/2023/01/davos-23-new-science-planet-boundaries/

WORLD ECONOMIC FORUM. (2023b). Abgerufen am 22. 04 2023 von https://www3.wef orum.org/docs/WEF_Global_Risks_Report_2023.pdf

WWF. (2023). Abgerufen am 22. 04 2023 von https://www.wwf.de/living-planet-report/? gclid=CjwKCAjw8-OhBhB5EiwADyoY1XqG6ALdgje4ffp6kxskEjWWL9ov3iupWj 3epPf-wgz_FERUuKVIgRoCyzkQAvD_BwE

Printed in the United States
by Baker & Taylor Publisher Services

Printed in the United States
by Baker & Taylor Publisher Services